中央高校基本科研业务费专项资金后期资助项目（CSH17003）

股权激励、风险承担与创新绩效

刘华 著

Guquan Jili Fengxian Chengdan Yu
Chuangxin Jixiao

中国社会科学出版社

图书在版编目（CIP）数据

股权激励、风险承担与创新绩效/刘华著．—北京：中国社会科学出版社，2018.10
ISBN 978-7-5203-3669-7

Ⅰ.①股… Ⅱ.①刘… Ⅲ.①股权激励—研究②企业管理—风险管理—研究③企业绩效—研究 Ⅳ.①F272.923②F272.35③F272.5

中国版本图书馆 CIP 数据核字（2018）第 266292 号

出 版 人	赵剑英
责任编辑	卢小生
责任校对	周晓东
责任印制	王 超
出　　版	中国社会科学出版社
社　　址	北京鼓楼西大街甲 158 号
邮　　编	100720
网　　址	http://www.csspw.cn
发 行 部	010-84083685
门 市 部	010-84029450
经　　销	新华书店及其他书店
印　　刷	北京明恒达印务有限公司
装　　订	廊坊市广阳区广增装订厂
版　　次	2018 年 10 月第 1 版
印　　次	2018 年 10 月第 1 次印刷
开　　本	710×1000　1/16
印　　张	10.75
插　　页	2
字　　数	182 千字
定　　价	50.00 元

凡购买中国社会科学出版社图书，如有质量问题请与本社营销中心联系调换
电话：010-84083683
版权所有　侵权必究

前　　言

随着我国经济由高速增长阶段转向高质量发展阶段，创新在转变发展方式、优化经济结构、转换增长动力过程中发挥着越来越重要的作用。为了支持企业创新，政府出台了一系列政策和举措，完善公司治理、吸引和留住人才。实践中，企业也逐渐认识到创新的重要性。近年来，企业创新绩效的产出数量大幅提高。但目前距我国建成世界科技创新强国的目标还有较大差距，进一步深入认识影响创新的关键因素，深入分析现有制度的效果，将具有十分重要的意义。

创新与风险息息相关。创新由于变化的情况不可预期，有很大的失败的可能性；在创新过程中会遭遇到各种挑战和风险，如技术难度无法突破、无法取得创新成果的风险、创新成果取得滞后被更先进的成果代替而没有效益的风险、人员流动导致创新无法完成或造成竞争对手的风险、企业对市场环境和客户需求认识不足导致创新成果无效益的风险等各种风险情况，从而创新离不开企业的风险承担。

现有文献已开始研究正式制度和非正式制度对风险承担与创新绩效的影响，激励制度尤其是股权激励制度显然是不可忽略的因素。我国上市公司自 2006 年正式引入股权激励制度，自此理论界和实务界都展开了丰富的股权激励研究和实践。股权激励的效果究竟如何，对改善公司治理、促进企业创新作用如何都值得深入探讨。特别是随着风险承担水平对微观企业发展和宏观经济的重要影响，股权激励的风险承担激励效应也成为继该制度利益协同效应后的研究热点。

本书首先对股票期权、限制性股票、风险承担、创新绩效等基本概念进行了界定，回顾总结了国内外关于股权激励、风险承担及创新绩效的文献，勾画了本书的研究思路和框架。接着，阐述了相关理论，包括委托—代理理论和行为代理理论、不确定性、风险及期望效用理论、人力资本、公司治理与激励理论、创新及组织控制理论。其次分析了股权激励、风险承担及创新绩效的作用机理,即经理人的风险规避行为及股权激励对风险承担的影响、风险承担对创新绩效的作用机理以及股权激励对风险承担与创新绩效的调节效应。再次实证研究了股权激励对风险承担的影响、风险承担与创新绩效以及股权激励对两者关系的作用,并进一步实证研究了股权激励是否导致了过度风险承担,以及过度风险承担的经济后果。最后是本书的研究结论与建议,为企业风险管理、创新政策制定及合理评价股权激励计划提供了相应的参考。

摘　　要

创新活动是国家经济发展的原动力，居于国家发展的核心地位。而企业作为创新主体，其创新绩效为宏观层面的经济增长奠定了坚实的微观基础。创新对企业发展和宏观经济转型起着举足轻重的作用，但不可否认的是，创新具有风险，企业进行创新并获取创新绩效就需要相应的风险承担水平。那么，如何提高企业的风险承担水平并进而提升企业的创新绩效？激励机制特别是基于股权的激励无疑是最受关注的手段。

在我国股权激励实施十几年来，需要思考的是，股权激励制度的真正效果如何？长期激励是否改变了经理人的风险态度进而影响了公司的风险承担水平？风险承担水平的改变是否对创新绩效有一定的影响？不同产权性质企业的风险态度如何？面临创新时又该如何选择？这些问题都值得我们深入思考和研究。

本书研究的意义在于，通过理论分析和实证研究股权激励与风险承担、风险承担与创新绩效以及股权激励对两者关系的作用，为企业创新战略选择、风险管理策略以及激励制度安排提供微观层面的理论和依据。

理论意义主要有以下三个方面：

首先，基于我国股权激励的实践，检验委托—代理理论、行为代理理论的适用性。委托—代理理论、行为代理理论对股权激励与风险承担的关系都有一定的解释力。委托—代理理论认为，股权激励改变了经理人的风险规避态度，增加了经理人的风险承担；但行为代理理论认为，股权激励让经理人可感知的财富处于风险之中，经理人为避免现有财富的损失从而更加关注风险规避。本书分析和检验了我国的股权激励实践，究竟是支持前者即股权激励增加风险承担，还是支持后者即股权激励反而导致了风险规避。

其次，基于不同类型风险和不同类型股权激励的研究，检验风险理论、期望效用函数理论的作用机理。基于期望效用函数的凹性，可知经理人是风险规避的，而股权激励是凸性的，从而可以在一定程度上弥补期望效用函数的凹性。此外，风险可细分为系统风险和非系统风险。本书通过股权激励对总风险、系统风险、非系统风险的影响研究，分析经理人承担了哪些风险项目，检验上述理论。

最后，从股权激励对风险承担和企业创新绩效的作用视角，拓宽激励理论、创新理论和组织控制理论的研究。通过研究股权激励对风险承担的影响，拓宽了激励理论作用的效果研究；通过风险承担与企业创新绩效的影响以及股权激励对两者关系的研究，拓宽了创新理论和组织控制理论的关注角度。

现实意义主要有以下三个方面：

首先，随着对企业创新并获取创新绩效的日益重视，哪些体制机制起到了关键作用值得深入研究。本书的研究有助于建立与企业相适应的创新战略、激励制度和风险管理制度，促进企业的创新与发展。

其次，本书的研究有助于引起微观领域企业对风险承担的重视和关注。特别是对不同所有权性质的企业而言，如何提升企业的风险承担水平又不造成过度的冒险，需要合理认识和利用风险，发展与企业相适应的风险承担水平。

最后，有助于合理评价现行的股权激励制度。国外对股权激励制度的作用看法并不一致，本书的研究有助于合理评价该制度，并适逢2015年12月证监会对《上市公司股权激励管理办法（征求意见稿）》公开征求意见，本书的研究也有助于为未来的改革提供相应的依据和参考。

本书的研究采用以下研究方法：一是规范研究方法。以委托—代理理论、行为代理理论、人力资本理论、激励理论、期望效用理论、创新理论等为基础，分析了风险承担对创新绩效以及股权激励对两者之间调节效应的作用机理。二是实证研究方法。采用描述性统计、回归分析、T检验、调节效应检验等实证分析方法，对股权激励与风险承担、风险承担与创新绩效以及股权激励对两者关系的作用进一步验证。

本书的主要内容如下：

首先，从理论基础和文献回顾入手，分析了股权激励、风险承担与创新绩效的作用机理。基于代理理论和风险规避假说，认为经理人存在风险规避行为，但从效用函数、期权定价模型函数的特征以及激励理论的角度考察，股权激励能影响经理人的风险承担行为；基于创新理论和创新绩效的特征，认为风险承担对创新绩效具有影响；基于股票期权、限制性股票的特征，认为其对风险承担与创新绩效关系具有调节效应。

其次，实证分析了股权激励对风险承担的影响。本书采用2006—2014年实施的股权激励计划，并区分不同的股权激励计划类型以及不同的所有权性质，深入分析股权激励计划对总风险、系统性风险和非系统风险的影响。此外，还进一步研究了股权激励通过提高资本支出以及财务杠杆的形式，提高了企业的风险承担水平。

再次，实证分析了风险承担对创新绩效的影响，以及股权激励对两者关系的调节效应。从理论上论述了风险承担对创新绩效以及不同创新的产出类型即发明、实用新型和外观设计的作用，并区分不同的产权性质进行了分析及相应的实证检验；从理论上分析了股权激励对两者关系的调节，并进行了相应的实证检验。

复次，本书采用中国A股上市公司授予股权激励计划的公司样本和未授予股权激励的公司进行对比分析和实证分析，研究股权激励是否导致了过度的风险承担，也进一步分析了过度风险承担经济后果即对企业创新造成的不利影响，以及是否授予股权激励计划对此的调节。

最后，对本书进行了总结，提出了相应的政策建议。

本书的主要结论如下：

第一，我国实施的股权激励计划有助于提升公司的风险承担水平，但没有导致公司过度的风险承担。

基于授予股权激励计划的公司样本，数据显示，随着股权激励比例的增加，公司的风险承担水平也相应地增加，主要体现在公司非系统风险的增加，即股权激励增加了管理层及核心人员的风险承担水平，从而有助于创新绩效的提升。

此外，我国实施的股权激励计划并没有导致过度的风险承担，授予股权激励的公司与未授予股权激励的公司风险承担水平有着显著的差异，授予股权激励计划的公司风险承担水平显著低于未授予股权激励计划的公司，是否授予股权激励计划与风险承担水平也显著负相关。

可能的解释是，我国公司实施股权激励计划要经过董事会、股东大会的审批和证监会的备案（2015年取消），要符合《上市公司股权激励办法（试行）》等各项制度的规定，因此，实施的股权激励计划在一定的控制范围内，并没有造成公司过度的风险承担；且能够实施股权激励计划的公司风险承担也在一个合理的范围内，风险过高的公司很难被允许实施股权激励计划。

第二，适度的风险承担水平有助于创新绩效的提升，过度的风险承担对创新绩效存在不利影响。

基于授予股权激励计划公司样本，研究发现，适度的风险承担有助于创新绩效的提升。且非国有企业和国有企业因其风险态度不同，在创新产出的类型选择上也表现出差异，即国有企业更愿意选择实用新型专利创新，非国有企业更愿意选择风险较大、科技含量最高的发明专利和贴近市场的外观设计进行创新。

通过授予股权激励计划公司与未授予股权激励计划公司样本的对比分析显示，未授予股权激励计划公司的样本组风险承担与创新绩效显著负相关，授予股权激励计划公司的样本组风险与创新绩效显著正相关。表明风险在一定范围内，风险承担与创新绩效呈正相关；风险高于一定程度以后，风险承担与创新绩效呈负相关，即适度的风险承担有助于创新绩效的提升。

第三，考虑了是否实施股权激励以及股权激励的幅度后，表明股权激励对风险承担与创新绩效的关系有一定的调节效应。

基于实施股权激励的样本，本书验证了风险承担与创新绩效显著正相关，但由2008年国际金融危机现实可知，企业不可能承担过度过高的风险，否则不仅无法创新，而且有可能面临灭顶之灾。那么，风险承担与创新绩效的正相关关系是否受到股权激励比例的调节呢？答案是肯定的。从实施股权激励公司样本看，随着持股比例的增加，风险承担的变动幅度增大反而导致创新的变动减少。即由于高层管理者和核心技术人员持有了公司股份，对公司风险承担有一定的控制和监督，不会让公司无限度地增大风险，当风险承担到一定程度之后，风险承担增加不会引起创新绩效同等程度的增加，反而会导致创新绩效的减少。这体现了与股东利益的一致性，既不会让公司过度冒险，对公司造成不利影响；也体现了行为代理理论的作用，即经理人的风险态度会随着公司环境的改变而变化。当风险在一定范围内时，股权激励有助于提升风险承担水平进而提升企业的创新绩效；当风险超过一定的范围时，经理人对风险有一定的控制，不会让公司无限度地增加风险去追求创新绩效的提升。

结合授予股权激励计划公司的样本与未授予股权激励计划公司的样本，可以发现，是否授予股权激励对风险承担与创新的关系也具有调节效应。回归模型在考虑了风险承担与是否实施股权激励计划的交乘项后，该指标与创新显著正相关；进一步考虑到授予股权激励计划的影响后，相对于未授予股权激励计划的公司，有了管理层的监督和控制，增加相应的风险承担有助于创新绩效的增加。

本书研究的创新之处主要体现在以下四个方面：

首先，本书的研究视角对既有文献形成了有益补充。现有文献研究主要基于委托—代理理论，对行为代理理论、期望效用理论关注较少，本书从期望效用理论视角考察了股权激励对风险承担的作用机理，从行为代理理论视角解释了股权激励对风险承担与创新绩效的调节效应。

其次，本书研究拓宽了股权激励与风险承担的研究。在现有文献初步关注管理层持股对公司总风险影响的基础上，本书具体研究了真正实施股权激励对公司风险承担的影响，特别是在对系统风险和非系统风险的影响研究方面进行了尝试。

再次，本书研究进一步拓展和完善了现有风险承担与创新绩效的研究。目前，仅有少量文献从调查问卷角度进行研究，本书基于上市公司的数据，更具有客观性。现有文献也仅考察了薪酬对个体层面的风险倾向和风险认知与研发投入的调节效应，本书进一步延伸考察长期激励对公司层面风险承担与创新产出的调节效应，将激励、风险承担与创新的研究进一步向前推进。

最后，探讨了我国的股权激励是否造成过度的风险承担，以及过度风险承担对创新绩效的影响。国内还没有文献从此角度进行分析，本书的研究在理论和实证上进行了初步验证。

关键词： 股权激励　风险承担　创新绩效　系统性风险　非系统风险

Abstract

Innovation is the driving force of the national economic development. It occupies the core position of the national development. As the main body of Innovation, Innovation of enterprise has laid a solid micro foundation for macro economic growth. Innovation plays a key role to the enterprise development and the macro economic transformation. It is undeniable that innovation is risky, enterprise innovation requires corresponding risk taking levels. So, How to improve the level of risk taking and further enhance enterprise innovation performance? Incentive mechanism especially equity incentive is definitely the most effective means.

In addition, We should consider the real effect of equity incentive system after the implementation of equity incentive for 10 years. Has long – term incentive changed the managers' risk attitude towards risk taking and consequently affected the risk taking level of the firm? Have changes in the level of risk taking influenced innovation? What is the risk taking attitude of different equity nature? How do they choose in innovation? These problems are worth deep consideration and research.

Therefore, The goal of this book is exploring equity incentive and risk taking, risk – taking and innovation performance and the effect of equity incentive on those relationships through theoretical analysis and empirical research. Consequently, This book may provide micro – level theory and basis for enterprise innovation strategy selection, Risk management strategy and the arrangement of the incentive system.

This research has important theoretical significance and practical significance:

Theoretically, Firstly, Based on the practice of equity incentive in our country, The applicability of the principal – agent theory and the behavior agency theory is tested. The principal and agent theory and behavior agent theory has some explanatory power to the relationship of equity incentive and risk taking. Based on the agency theory thinks, Equity incentive changes the manager's risk aversion attitude, Increase risk taking of managers; But based on behavior agency theory, Equity incentive let the perceived wealth of managers at risk, Managers are more risk averse in order to avoid the loss of existing wealth. This book analyzes and tests the practice of equity incentive in our country, Which is the support of the former that equity incentive increase risk taking, Or support the latter that the equity incentive has led risk aversion.

Secondly, Based on the research of different types of risk and different types of equity incentive, This book tests effect of risk theory and expected utility function theory. Based on the concave of the expected utility function, We can know that the manager is risk averse and the equity incentive is convex, So as to it can make up the concave of the expected utility function. In addition, The risk can be subdivided into systematic risk and idiosyncratic risk, This book tests these theories through the research of the effect of equity incentive on total risk, system risk, idiosyncratic risk.

Finally, From the perspective of the role of equity incentive to risk taking and innovation performance, The research broadens incentive theory, Innovation theory and organizational control theory. Through the research on the effect of equity incentive on risk taking, This book broadens the research on the effect of incentive theory. Through the research on the effect risk taking on innovation performance and equity incentive on the relationship between risk taking on innovation performance, This book broadens the attention of innovation theory and organizational control theory.

Practically, First, With the increasing focus on enterprise innovation, Which mechanisms and systems played a key role is worth deep studying and discussing. In this book, The research is helpful to establish the innovation strategy, Incentive mechanism and risk managing systems that adapted with the enterprise. Secondly, The book helps to attract the attention of micro enterprise on risk taking, Especially for the firm with different equity nature, How to improve enterprise risk taking level and not cause excessive risk – taking, Need reasonable understanding and implementation of risks and development of risk taking level adapted with the firm. Finally, It is helpful to the reasonable evaluation of the current implementation of equity incentive system. Foreign scholars have not reached an agreement on the function of equity incentive system. This book contributes to the reasonable evaluation of that system. Coinciding with the introduction of "Listed Company Equity Incentive Management Regulations (draft)" by China Securities Regulatory Commission in December 2015, This book can also help to provide the basis and reference for future reform.

This book uses the following research methods.

First, It uses the normative study. On the basis of agent theory, Incentive theory, Risk aversion hypothesis and innovation theory, It theoretically analyzes the mechanism of risk taking on innovation performance and the moderating effect of equity incentive on those. Finally, It uses the empirical research method: Descriptive statistics, regression analysis, t – test inspection, mediating effect and moderating effect. It further examines relationship of the equity incentive and risk taking, relationship of risk – taking and innovation performance, and equity incentive effect on the relationship between those through using empirical research method.

The main contents of this book are as follows. Firstly, From the theoretical basis and literature reviews, It analyzes the mechanism of the equity incentive, Risk – taking and innovation performance. Based on the agency theory and the hypothesis of risk aversion, Managers have risk averse behavior, But study from the view of utility function and the option pricing model function characteristic and the incentive theory, equity incentive can affect managers' risk taking behavior; Based on innovation theory and the features of innovation, Risk taking have an impact on innovation; Based on characteristics of stock options and restricted stock, Incentive has a moderating role of risk taking and innovation performance.

Secondly, The empirical study analyzes the effect of equity incentive on risk taking. This book uses equity incentive plan of true sense during 2006 to

2014, Distinguishes between different equity incentive plan type and different equity nature and deep analyzes the effect of equity incentive plan on risk taking. In addition, It further studies equity incentive improves risk taking level by increasing capital expenditures and financial leverage.

Thirdly, It empirically analyzes the influence of risk taking on innovation performance and equity incentive moderating on risk – taking and innovation performance. Theoretically it discusses the risk on innovation performance and different innovation output type: Invention, utility model and design, and it empirically tests relationship through distinguishing between the different equity natures. The conclusion of this part shows that, In considering the relationship between risk taking and innovation performance, We should consider the impact of equity incentive as well.

Again, The fifth chapter examines whether equity incentive leads to excessive risk taking, and it further analyzes the excessive risk taking has adverse effects on enterprise innovation. The A – share listed companies in China that implement equity incentive plan and companies that do not implement equity incentive companies are compared in analysis and empirical study.

Finally, Political advises are offered in the conclusion part.

The main conclusions of this book are as follows:

Firstly, China's implementation of the equity incentive plan will help enhance the company's risk level, and did not lead to excessive risk taking.

Based on the sample of companies in which equity incentive plans have been granted, The data shows that with the increase in the proportion of equity incentive, The company's risk – taking level is also improved correspondingly. Equity incentive improves the risk – taking level of management and key staffs, Thus helping on the innovation of enterprise.

In addition, Implementation of the equity incentive plans in China did not lead to excessive risk taking. There is significant difference between risk taking level of companies which implement equity incentive and risk – taking level of companies which not implement equity incentive, The risk – taking level of the former was significantly lower than that of the latter. Whether or not to grant the equity incentive plan and risk – taking level also has significant negative correlation.

Possible explanation is that the implementation of equity incentive plan in Chinese companies needs the approval of the board of directors and the general meeting of shareholders, filing by CSRC (cancelled in 2015), and conformation to "The listed company's equity incentive measures (For Trial Implementation)" and other rules, So the implementation of equity incentive plan is in a certain range of control and do not cause excessive risk taking, and implementation of the equity incentive plan of companies risk taking also is in a reasonable range, The company which has is excessive risk difficult to be allowed to implement equity incentive plan.

Secondly, Moderate risk level is helpful to undertake innovation and excessive risk taking has adverse effects on innovation.

Based on the sample of companies in which equity incentive plans have been implemented, We found that moderate risk contributes to innovation. Due to different attitudes towards risk, Non – state – owned enterprises and state – owned enterprises choose different types of innovation output, That is to say, state – owned enterprises are more willing to choose innovation of utility model patent, Non – state – owned enterprises are more willing to choose riskier, The highest scientific and technological invention patent and the design innovation which is close to market.

Through comparing samples of companies in which equity incentive plans have been implemented and samples of companies in which equity incentive plans were not implemented, It shows that, Risk taking and innovation has a significant negative correlation in the latter, Risk and innovation performance has a significant positive correlation in the former. If risk is in a certain range, The risk is positively related with the innovation; If the Risk is higher than a certain degree, Risk and innovation are negatively related, That is, The appropriate risk contributes to innovation performance.

Thirdly, Considering whether equity incentive is implemented and equity incentive rate, It shows that the equity incentive has a certain moderating effect on risk – taking and innovation.

Based on the sample of companies in which equity incentive plans have been implemented, this book verifies that risk – taking and innovation performance has a significant positive correlation, But from the reality of the 2008 financial crisis, The enterprise may not always take excessive high risk, Otherwise not only cannot innovate and may face extinction. Then is the positive relationship between innovation performance and risk taking moderated by the proportion of equity incentive? The answer is affirmative. From the sample of companies in which equity incentive plans have been implemented, Along with the increase of shareholding, Raise of risk variation leads to decrease of innovative changes. That is because management and core technology personnel hold the shares of the company, They will control and supervise corporate risk taking. When risk increases to a certain extent, Raise of risk does not lead to the raise of innovation to the same extent, But will lead to the decrease of innovation.

With the sample of companies in which equity incentive plans have been implemented and the sample of companies in which equity incentive plans have not been implemented, Whether equity incentive plans are implemented also has a moderating effect on the relationship between risk and innovation. Regression model considers multiply item of risk taking and whether equity incentive plan has been implemented, The index and innovation is a significant positive correlation. Further research shows that relative to companies in which equity incentive plans have not been implemented, Raise of risk taking has contributed to raise innovation in companies in which equity incentive plans have been implemented due to supervision and control of management.

The innovation of this book is mainly reflected in the following four aspects:

Firstly, The research perspective of this book has formed a useful supplement to the existing literature. Researches of existing literature are mainly based on the principal – agent theory, The behavior of the agent theory and expect utility theory are less studied. This book from expected utility theory perspective examines the effect of equity incentive mechanism to risk taking. From the view of action agency theory, This book explains the moderating effect of the equity incentive in risk bearing and innovation performance.

Secondly, This book broadens the research of equity incentive and risk taking. The existing literature has initial concerned the effect of managerial ownership on based on total firm risk, This book studies the effect of real implementation of the equity incentive on firm risk taking, Especially on the system risk and idiosyncratic risk.

Thirdly, This book further broadens and improves the existing research of risk taking and innovation. Existing literature about the risks taking of economic consequences are limited. Only there are a small amount of literatures from the perspective of the survey questionnaire, The research of this book is more objectivity based on the listing Corporation's data.

Existing literature mainly investigates the moderating effect of compensation to risk propensity and risk perception of individual level and the R&D input. This book further extends study about moderating of long – term incentive to the firm – level risk taking and the innovation output. It improves the research of motivation, risk – taking and innovation.

Finally, It discusses whether the equity incentive in our country causes excessive risk taking, and the effect of excessive risk taking on innovation performance. There is no domestic literature which analyze from this point of view, The research of this book elementary explore from the theory and empirical analysis.

Key words: equity incentive, risk taking, innovation performance, systematic risk, idiosyncratic risk

目　　录

第一章　绪论 …………………………………………………………… 1

　第一节　问题的提出 …………………………………………………… 1
　第二节　研究的目的和意义 …………………………………………… 3
　第三节　基本概念界定 ………………………………………………… 4
　　一　股权激励的概念及股权激励计划的主要类型 ………………… 4
　　二　风险承担的概念 ………………………………………………… 7
　　三　创新绩效 ………………………………………………………… 8
　第四节　文献回顾 ……………………………………………………… 9
　　一　股权激励相关研究文献回顾 …………………………………… 9
　　二　风险承担相关研究文献回顾 …………………………………… 19
　　三　创新相关研究文献回顾 ………………………………………… 22
　　四　文献评述 ………………………………………………………… 25
　第五节　研究思路、研究框架与研究方法 …………………………… 25
　　一　研究思路 ………………………………………………………… 25
　　二　研究框架 ………………………………………………………… 26
　　三　研究方法 ………………………………………………………… 26
　第六节　本书结构安排 ………………………………………………… 27

第二章　理论基础 ……………………………………………………… 29

　第一节　委托—代理理论与行为代理理论 …………………………… 29
　　一　委托—代理理论 ………………………………………………… 29
　　二　行为代理理论 …………………………………………………… 31
　第二节　不确定性、风险及期望效用理论 …………………………… 32
　　一　不确定性与风险 ………………………………………………… 32

二　期望效用理论 …………………………………………… 34
　第三节　人力资本、公司治理与激励理论 ……………………… 35
　　　一　人力资本理论 …………………………………………… 35
　　　二　公司治理理论 …………………………………………… 36
　　　三　激励理论 ………………………………………………… 38
　第四节　创新及组织控制理论 …………………………………… 45
　　　一　创新理论 ………………………………………………… 45
　　　二　组织控制理论 …………………………………………… 48

第三章　股权激励、风险承担及创新绩效的作用机理 …………… 50
　第一节　股权激励及创新的制度背景 …………………………… 50
　　　一　股权激励的制度背景 …………………………………… 50
　　　二　创新的制度背景 ………………………………………… 53
　第二节　经理人的风险规避行为及股权激励对风险
　　　　　承担的影响 …………………………………………… 53
　　　一　经理人的风险规避行为 ………………………………… 53
　　　二　股权激励对风险承担的作用 …………………………… 54
　第三节　风险承担对创新绩效的作用机理 ……………………… 56
　　　一　创新需要风险承担 ……………………………………… 56
　　　二　企业有意愿承担创新的风险 …………………………… 58
　　　三　风险承担水平的高低对创新绩效具有影响 …………… 58
　第四节　股权激励对风险承担与创新绩效的调节效应 ………… 59

第四章　股权激励与风险承担的实证研究 ………………………… 62
　第一节　理论分析与研究假设 …………………………………… 64
　第二节　研究设计 ………………………………………………… 70
　　　一　样本选取及数据来源 …………………………………… 70
　　　二　研究变量及其说明 ……………………………………… 71
　　　三　模型设计 ………………………………………………… 71
　第三节　实证检验 ………………………………………………… 73
　　　一　股权激励计划授予概况及描述性统计 ………………… 73
　　　二　回归分析 ………………………………………………… 75

结　　论 ……………………………………………………… 88

第五章　风险承担与创新绩效
　　　　　——基于股权激励的调节视角 ……………………… 90

　　第一节　理论分析与研究假设………………………………… 91
　　第二节　研究设计……………………………………………… 96
　　　　一　样本选取及数据来源………………………………… 96
　　　　二　研究变量及其说明…………………………………… 97
　　　　三　模型设计……………………………………………… 98
　　第三节　实证检验……………………………………………… 99
　　　　一　专利申请概况及描述性统计………………………… 99
　　　　二　回归分析……………………………………………… 102
　　结　　论 ……………………………………………………… 116

第六章　股权激励是否导致了过度风险承担？
　　　　　——基于经济后果的再考察 …………………………… 118

　　第一节　理论分析与研究假设………………………………… 119
　　第二节　研究设计……………………………………………… 120
　　　　一　样本选取及数据来源………………………………… 120
　　　　二　研究变量及其说明…………………………………… 121
　　　　三　模型设计……………………………………………… 121
　　第三节　实证检验……………………………………………… 122
　　　　一　股权激励计划授予是否导致了过度风险的检验…… 122
　　　　二　过度风险对创新绩效的影响………………………… 124
　　　　三　是否授予股权激励计划对风险承担与创新绩效
　　　　　　关系的影响…………………………………………… 126
　　结　　论 ……………………………………………………… 130

第七章　研究结论与建议 ………………………………………… 132

　　第一节　本书的主要研究结论………………………………… 132
　　　　一　我国实施的股权激励计划有助于提升公司的风险
　　　　　　承担水平，但没有导致公司过度的风险承担 ……… 132

二　适度的风险承担水平有助于创新，过度的风险
　　　　承担对创新存在不利影响 …………………………… 132
　　三　考虑了是否实施股权激励以及股权激励的幅度后，
　　　　表明股权激励对风险承担与创新的关系有一定
　　　　调节效应 ……………………………………………… 133
第二节　政策建议 ……………………………………………… 133
　　一　企业需要正确看待风险，合理地控制风险水平，
　　　　进行风险管理 ………………………………………… 133
　　二　企业需要制定合理的创新战略 …………………………… 134
　　三　合理评价实施股权激励的经济后果 ……………………… 134
　　四　进一步完善股权激励制度 ………………………………… 134
第三节　本书研究的创新点 …………………………………… 135
第四节　本书研究的局限性 …………………………………… 136

参考文献 ……………………………………………………… 137

第一章 绪论

第一节 问题的提出

党的十八大明确提出:"科技创新是提高社会生产力和综合国力的战略支撑,必须摆在国家发展全局的核心位置。"习近平同志指出:"创新是国家和企业发展的必由之路。"可见,创新活动是国家经济发展的原动力,居于国家发展的核心地位,而企业作为创新主体,其创新绩效为宏观层面的经济增长奠定了坚实的微观基础。创新可以促进企业组织形式变革和管理效率改善,创造出适应社会发展的产品、服务和需求,从而使企业保持旺盛的生命力,取得长足的进步和发展。为此,无论是在实务界还是学术界,企业的创新活动都受到广泛关注。在实务界,创新是企业发展的核心,无论是高技术产业如通信行业企业华为、中兴等,还是传统行业,比如,家电行业企业格力、海尔、美的等,通过创新都促进了企业快速发展。在理论界,企业创新历来是研究的重点和热点,研究也深入关注不同的机制体制对企业创新的作用及影响。

创新对企业发展和经济转型具有重要作用。但不可否认的是,创新并取得创新绩效具有风险,既有技术风险,也有资金投入风险和管理风险。创新的周期长、投入大、难度大,市场前景不明朗,面临着前途未卜的风险。因此,企业的风险承担水平对企业创新有着至关重要的影响。但众所周知,国人本身具有中庸思想,对风险避之不及,2008年国际金融危机的爆发也让人们谈风险色变,从而影响到企业创新及发展。源于西方的代理理论和风险规避假说也支持企业的经理人出于个人私利、职业生涯及声誉的考虑,不愿意冒险。

那么,如何提升企业的风险承担水平并促进创新绩效的提升?激励机制无疑是最受关注的手段之一。代理理论认为，激励机制能有效地缓解委托人与经理人之间的代理问题，特别是长期激励机制能有效地避免经理人的短期行为（Jensen and Meckling，1976）。① 而作为一种长期的激励机制，股权激励被视为能够促进形成资本所有者和劳动者的利益共同体、调动技术和管理人员的积极性及创造性、推动企业自主创新的有效激励机制。基于此，国内外对此制度都进行了丰富的实践。如美国早在20世纪50年代就开始产生股权激励并逐渐蓬勃发展，此后被其他国家广泛采用②；我国于2005年12月31日发布《上市公司股权激励管理办法（试行）》，自2006年起正式引入这一治理制度；我国各个高新区（如北京中关村、武汉东湖高新区及上海张江高新区）自2010年起也都开始积极开展股权激励试点。有数据显示，近年来，上市公司实施股权激励的积极性不断提升，推出股权激励计划公司的数量也逐年大幅增长。如根据国泰安数据，截至2014年12月31日，上市公司推出的股权激励计划共898份，而到一年后的2015年12月31日，上市公司推出的股权激励计划就达到1217份，增长幅度超过1/3。

另外，人们也担心该项制度会起到相反的作用，即导致公司过度的风险承担，反而不利于创新绩效的提升。特别是2008年爆发的国际金融危机，经理人股权激励制度开始引起西方国家的审视，有的学者（Samuelson and Stout，2009）③ 甚至认为，股票期权计划造成了经理人的过度冒险，从而导致了2008年的国际金融危机。另外，行为代理理论认为，股权激励让经理人的财富更多地处在风险之中，实际上，不是提升经理人的风险承担而是让经理人更加风险规避。那么，该项制度在我国的实施效果如何？究竟是有效地避免了经理人的短期行为进而合理地提升了公司的风险承担水平，还是造成了过度的风险承担？进一步地，公司的风险承担水平又有什么样的经济后果？特别是对企业发展起关键作用的创新绩效有何影响？这些都是值得深入研究的课题。在我国

---

① Jensen, M. C., Meckling, W. H., "Theory of the Firm: Managerial Behavior, Agency Costs and Ownership Structure", *Journal of Financial Economics*, Vol. 3, No. 4, 1976, pp. 305 - 360.

② 曹阳：《中国上市公司高管层股权激励实施效果研究》，经济科学出版社2008年版，第2—3、89—98页。

③ Samuelson, J., L. Stout, "Are Executives Paid Too Much?", *Wall Street Journal*, February 25, 2009.

日益注重企业创新和经济转型的背景下,既要充分调动管理层和核心技术人员的冒险精神,促进创新绩效的提升,也要防范过度风险造成的不利影响,从而评价和改革现有的激励机制,具有十分重要的现实意义和理论意义。

第二节 研究的目的和意义

本书研究的目的在于,通过理论分析和实证研究股权激励与风险承担、风险承担与创新绩效以及股权激励对两者关系的作用,为企业创新战略选择、风险管理策略以及激励制度安排提供微观层面的理论和依据。

本书的研究具有以下理论意义:

第一,基于我国股权激励的实践,检验委托—代理理论、行为代理理论的适用性。委托—代理理论、行为代理理论对股权激励与风险承担的关系都具有一定的解释力。委托—代理理论认为,股权激励改变了经理人的风险规避态度,增加了经理人的风险承担;行为代理理论认为,股权激励让经理人可感知的财富处于风险之中,经理人为避免现有财富的损失从而更加风险规避。本书研究和检验了我国的股权激励实践,究竟是支持前者即股权激励增加风险承担,还是支持后者即股权激励反而导致了风险规避。

第二,基于不同类型风险及不同类型股权激励的研究,检验风险理论、期望效用函数理论的作用机理。基于期望效用函数的凹性,可知经理人是风险规避的,而股权激励是凸性的,从而在一定程度上可以弥补期望效用函数的凹性。此外,风险可细分为系统风险和非系统风险,本书通过股权激励对总风险、系统风险和非系统风险的影响研究,以及分析经理人承担了哪些风险项目,检验上述理论。

第三,从股权激励对风险承担和企业创新绩效的作用视角,拓宽激励理论、创新理论和组织控制理论的研究。通过研究股权激励对风险承担的影响,拓宽了激励理论作用的效果研究;通过研究风险承担与企业创新绩效的影响以及股权激励对两者的关系,拓宽了创新理论和组织控制理论的关注角度。

本书的研究具有如下现实意义：

第一，随着对企业创新的日益重视，对于哪些体制机制起到了关键作用值得深入研究。本书的研究有助于建立与企业相适应的激励制度和风险管理制度，促进企业创新与发展。

第二，本书的研究有助于引起微观领域企业对风险承担的重视和关注，特别是对不同所有权性质的企业而言，如何提升企业的风险承担水平而又不造成过度的冒险，需要合理认识和利用风险，发展与企业相适应的风险承担水平。

第三，有助于合理评价现行的股权激励制度。国外对股权激励制度的作用看法并不一致，本书的研究有助于合理评价股权激励制度，尤其是在2015年12月证监会对《上市公司股权激励管理办法（征求意见稿）》公开征求意见之际，本书的研究有助于为未来的改革提供相应的依据和参考。

第三节　基本概念界定

一　股权激励的概念及股权激励计划的主要类型

不同于一些文献将广泛的管理层持股作为股权激励，本书所界定的股权激励，仅指《上市公司股权激励管理办法（试行）》实施以来，通过提取激励基金、定向发行、回购等方式授予的管理人员和核心技术人员一定比例的股票期权、限制性股票和股票增值权，在满足一定的业绩条件后可以解锁或行权的激励方式。

股权激励通过让经营者拥有一定的股份，让其拥有对公司剩余的索取权，以所有者的身份参与企业决策，分享利润，承担风险，可以有效地解决委托—代理中的道德风险、逆向选择等问题；同时股权激励作为一种长期激励机制，也对吸引和留住人才，调动广大科技人员及经营管理人员的积极性和创造性，具有重要作用。《上市公司股权激励管理办法（试行）》实施后，目前，我国实施的股权激励方式主要包括股票期权、限制性股票和股票增值权三种。

（一）股票期权

期权（Option），也称为选择权，经济学上是指期权买方向期权卖方支付期权费后，拥有在未来一段时间内或未来某一特定日期以事先约定好的价格向卖方购买或出售一定数量的特定标的资产的权利，期权的持有者可以选择实施该权利或者放弃该权利，而期权卖方必须无条件服从买方的选择并履行合约规定的义务。

股票期权（Stock Option）是标的资产为股票的一种特殊期权，是指持有者拥有在合约规定的到期日或时间内以事先约定好的价格买入或卖出一定数量特定股票的权利。股票期权作为股权激励的一种工具，是一种买入期权，持有这种权利的持有者，可以选择在规定时间内以股票期权的行权价购买公司的股票。在行权前，股票期权的持有者没有任何收益，行权后持有者的收益为行权日公司股票的市场价与行权价之间的差价。在股票价格上升时期，股票期权的收益如图1-1所示。持有者在授权日获得股票期权，需等待一段时间的限制期，若在行权日股票的市场价格低于行权价，持有者可以选择不行权，没有任何损失；若行权日价格高于行权价格，持有者可以按照行权价格买入股票。买入股票后持有者可以选择卖出股票并获利，获利为行权日价格和行权价格的价差；持有者如果认为股票价格会持续上涨，可以选择继续持有直至卖出，最后获得的收益为出售日价格与行权价格的价差。

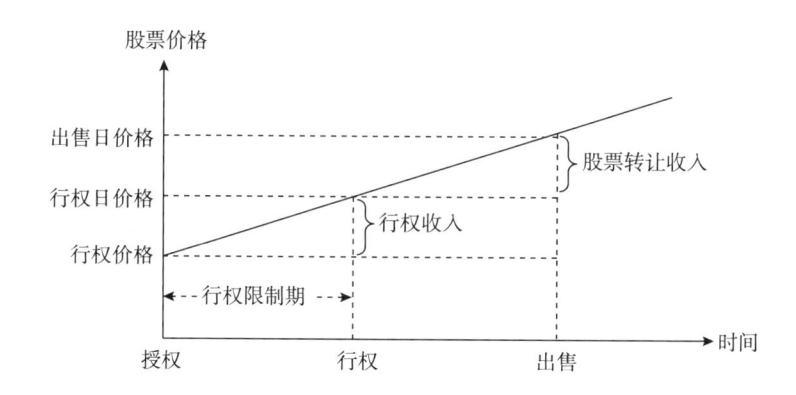

图1-1 股价上升时期股票期权的收益

（二）限制性股票

限制性股票（Restricted Stock），《上市公司股权激励管理办法（试行）》第十六条对其进行了定义，即"限制性股票是指激励对象按照股权激励计划规定的条件，从上市公司获得的一定数量的本公司股票"，"上市公司授予激励对象限制性股票，应当在股权激励计划中规定激励对象获授股票的业绩条件、禁售期限"，激励对象只有满足业绩条件和禁售期限的情况下才能获得股票，限制性股票的授予价格以股票市价为基准。对于限制性股票的禁售期限，《国有控股上市公司（境内）实施股权激励试行办法》第二十二条规定："每期授予的限制性股票，其禁售期不得低于2年。禁售期满，根据股权激励计划和业绩目标完成情况确定激励对象可解锁（转让、出售）的股票数量。解锁期不得低于3年，在解锁期内原则上采取匀速解锁办法。"

根据股票的来源，限制性股票可以分为业绩奖励型限制性股票和折扣购股型限制性股票。业绩奖励型限制性股票是指当激励对象满足股权激励计划规定的条件时，上市公司从净利润或净利润超额部分中按比例获取激励基金，从二级市场购回公司股票，并将股票按分配方法分配给激励对象。这种激励方式下激励对象无须自筹资金或出资少量资金。折扣购股型限制性股票采用定向增发的方式，根据期初确定的公司业绩目标，以低于二级市场的价格授予激励对象一定数量的公司股票，授予价格不低于基准日前20个交易日股票价格均价的50%，具体的价格确定方法由董事会下设的薪酬与考核管理委员会确定。这种激励方式下股票不是无偿获得，需要激励对象出资购买。现行的多为折扣购股型限制性股票。

在股票上升时期，限制性股票的收益如图1-2所示。股票持有者在授予日以授予价格获得限制性股票，授予价格低于授予日的市场价格，禁售期解除后，股票持有者在出售日以市场价格出售股票，若出售日价格高于授予价格，则获利为出售日价格为授予价格的差；若股票持续下跌，低于授予价格，则持有者将产生经济损失。

（三）股票增值权

股票增值权（Stock Appreciation Rights，SARs）是指公司授予激励对象的一种选择权利，在未来一定时期和约定条件下，如果公司股价上升，激励对象可以通过选择行权以获得股票价格上升所带来的收益，通常为现金、股票或股票和现金的组合。激励对象不用为行权付出资金，也不拥有这些股票的所有权，同时也不拥有表决权、配股权、分红权，不能转让和用于担保、偿还债务等。每一份股票增值权与每一股股票挂钩，每份股票增值权的收益等于当前的股票市场价格减去股票增值权授予的价格，其中，股票市场价格一般为股票增值权持有者签署行权申请书当日的前一个有效交易日的股票收市价。

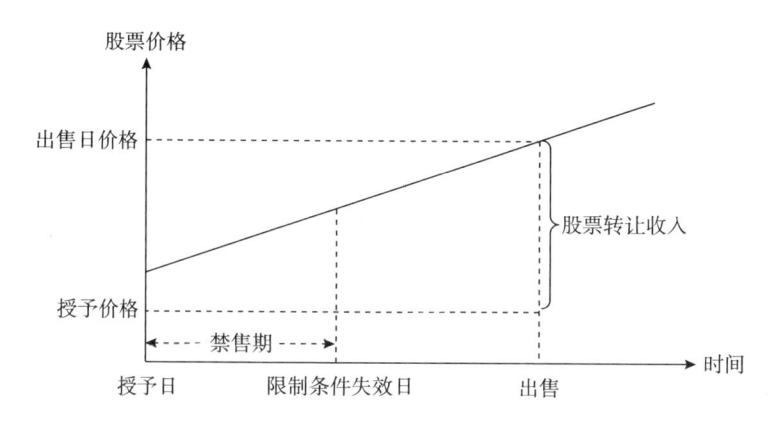

图 1-2 限制性股票的收益

与股票期权相比，股票增值权主要具有简单易操作的特点。股票增值权持有人在行权时没有资金压力，无须支付相应数量的现金来购买股票，行权时仅需计算股票市价与授予时的价格之差即可。对上市公司而言，这种方式不要求公司扩充资本、增发股票，不以公司股份总额的增加为前提，对公司的可流通股份不会形成扩容。

二 风险承担的概念

一般认为，风险是指在某一特定环境下，在某一特定时间内某种损失发生的可能性。风险承担即企业承担风险的行为，这种行为是企业对风险所做出的反应，即理性或非理性地主动承担风险。不同的风险承担行为取决于企业经营者对待风险的偏好程度，而风险承担的行为和结果将直接决定企业的收益。

科文和斯莱文（Covin and Slevin, 1991）[1] 认为，创业型企业具有风险承担性、创新性和积极主动性，高层管理者的风险承担表现为当面对不确定性时的投资决定和策略行为时，风险承担的经理人通常在完全

---

[1] Covin, J. G., Slevin, D. P., "A Conceptual Model of Entrepreneurship as Firm Behavior", *Entrepreneurship Theory & Practice*, Vol. 16, 1991, pp. 7–25.

理解必须采取什么样的行为前就抓住了机会，做出了承担。① 威斯曼和戈梅兹·梅加（Wiseman and Gomez - Mejia, 1998）② 区分了风险负担（Risk bearing）和风险承担（Risk taking），认为风险负担是代理人感知到风险对代理人财富的威胁，这种威胁来自雇用风险或其他风险，从而对代理人而言，风险是一种负担。而风险承担则是指代理人基于公司的投资机会对风险投资项目的选择。余明桂等（2013）③ 认为，风险承担反映的是在投资决策过程中企业管理者对预期收益和预期现金流充满不确定性投资项目的选择。张敏等（2015）④ 认为，企业的风险承担水平反映企业在投资决策时的风险偏好，风险承担水平越高，表明企业越倾向于选择风险性的投资项目。

基于上述分析，本书认为，企业的风险承担是在经理人和核心技术人员选择和决策了不确定性的项目后，对本企业整体风险水平的影响并对此进行承担。

三 创新绩效

绩效是指一定时期内投入的产出成绩、效果。创新绩效是绩效的一种形式，是创新活动效果的体现。根据 George 和 Zhou（2001）⑤ 以及于维娜等（2016）⑥ 的观点，创新绩效为员工与组织互动过程中所产生的新颖的、有用的思想、产品、过程、服务或方法。可见，创新绩效主要是从产出角度进行考察的。基于数据的可得性和稳定性，我国学者多采用专利指标进行衡量，如易靖韬等（2015）、王保林与张铭慎（2015）。

---

① Khandwalla, P. N., *The Design of Organizations*, New York: Harcount Brace Jovanoich, 1977, p. 426.

② Wiseman, R. M., Gomez - Mejia, "A behavioral Agency Model of Managerial Risk Taking", *Academy of Management Review*, Vol. 23, No. 1, 1998, pp. 133 - 153.

③ 余明桂、李文贵、潘红波：《民营化、产权保护与企业风险承担》，《经济研究》2013年第9期。

④ 张敏、童丽静、许浩然：《社会网络与企业风险承担——基于我国上市公司的经验证据》，《管理世界》2015 年第 11 期。

⑤ George, J. M., Zhou, J., "When Openness to Experience and Conscientiousness Are Related to Creative Behavior: An Interactional Approach", *Journal of Applied Psychology*, Vol. 86, No. 3, 2001, pp. 513 - 524.

⑥ 于维娜等：《知识型企业中地位与创新的关系研究——以风险承担、创新支持为机理》，《科学学与科学技术管理》2016 年第 1 期。

本书认为，创新绩效是指企业技术创新活动的产出成绩或效果。企业创新活动涉及方方面面，最终目的都是通过创新以获取创新产出以便为企业带来超额收益。即本书更注重创新活动导致的后果。在此过程中，任何创新产出的取得，既有管理者的决策支持，也有技术人员的实践。熊彼特认为，企业家是创新的主体。企业家是那些富有眼光、勇于承担风险并具有创新气质的企业管理者。可见，由于创新具有较大的不确定性和风险，创新首先是管理者的态度和实践。此外，任何创新的实施都需要管理者的决策和支持，从这个角度看，管理者是创新产出的支持者，技术人员是创新产出的执行者，与创新产出息息相关。在指标衡量上，由于专利与企业创新活动的产出最息息相关，是重要的创新成果，可以让拥有者获得垄断利润。而且专利的数据标准客观，易获得，因此，本书采用专利作为创新绩效的衡量。

第四节 文献回顾

一 股权激励相关研究文献回顾

（一）股权激励选择的影响因素

上市公司为什么会选择股权激励计划？最优契约论（Berle and Means, 1932; Jensen and Meckling, 1976）和管理者权力论（Bebchuk and Fried, 2004）被认为对公司股权激励计划的安排都具有一定的解释力。国外文献中，Yermack（1995）[1]认为，代理理论和契约理论对CEO股票期权计划的授予有一定的解释力，发现高管制的行业很少使用股票期权计划，会计盈余具有更大"噪声"的公司由于很难监管经理人，更愿意通过股票期权计划给予CEO更大的激励，当公司有内部流动性问题时，也更愿意选择股票期权激励。John 和 John（1993）[2]研究了薪酬机制与资本结构之间的关系，结果显示，为了避免管理层进行高风险的投资从而将债权人的财富转移给股东，公司会在杠杆上升时降

---

[1] Yermack, D., "Do Corporations Award CEO Stock Options Effectively?", *Journal of Financial Economics*, Vol. 39, 1995, pp. 237–269.

[2] John, T. A., John, K., "Top-Management Compensation and Capital Structure", *The Journal of Finance*, No. 3, 1993, pp. 949–947.

低管理层薪酬对业绩的敏感度。伯格利和菲尔瑟姆（Begley and Feltham，1999）①发现，债务契约对 CEO 现金薪酬有显著负向影响，对 CEO 持股影响不显著，对 CEO 持股与现金的比例有显著正向影响。布赖恩等（Bryan et al.，2000）②发现，资本结构对股票期权影响为负，对限制性股票影响为正。奥尔茨·莫利亚（Ortiz-Molina，2007）③分析了 CEO 报酬怎样被公司资本结构影响，研究发现，资本结构在建立 CEO 薪酬中处于重要地位。Chourou 等（2008）④研究发现，股票期权与现金薪酬的比例与公司规模正相关，与资产负债率、CEO 年龄、CEO 持股和大股东持股负相关。布赖恩（2006）⑤研究发现，20 世纪 90 年代，公司投资不足、资产置换、财务困境变得更少，即债务代理成本降低，而同期权益代理成本增加，更加难以监管，从而可以解释为什么更多的公司在 20 世纪 90 年代后期选择基于期权的薪酬。Liljeblom、Pasternack 和 Rosenberg（2011）⑥研究发现，经理人期权计划的规模与托宾 Q 值（Tobin's Q）和公司规模负相关，与监管成本变量正相关。Chen、Guan 和 Ke（2013）⑦研究了中国香港上市的国有红筹股公司的董事股票期权授予，认为该制度是上市时迎合外国投资者需求的结果。

我国学者就股权激励计划的选择也进行了相关研究，他们主要是从

---

① Begley, J., Feltham. G. A., "An Empirical Examination of the Relation between Debt Contracts and Management Incentives", *Journal of Accounting and Economics*, Vol. 27, 1999, pp. 229 – 259.

② Bryan, S., Hwang, L., Lilien, S., "CEO Stock – Based Compensation: An Empirical Analysis of Incentive – Intensity, Relative Mix and Economic Determinants", *Journal of Business*, Vol. 73, 2000, pp. 661 – 693.

③ Ortiz – Molina, H., "Executive Compensation and Capital Structure: The Effects of Convertible Debt and Straight Debt on CEO Pay", *Journal of Accounting and Economic*, Vol. 43, 2007, pp. 69 – 93.

④ Chourou, L., Abaoubb, E., Saadi, S., "The Economic Determinants of CEO Stock Option Compensation", *Journal of Multinational Financial Management*, Vol. 18, 2008, pp. 61 – 77.

⑤ Bryan, S., Nash, R., Patel, A., "Can the Agency Costs of Debt and Equity Explain the Changes in Executive Compensation during the 1990s?", *Journal of Corporate Finance*, Vol. 12, No. 3, June2006, pp. 516 – 535.

⑥ Liljeblom, E., Pasternack, D., Rosenberg, M., "What Determines Stock Option Contract Design?", *Journal of Financial Economics*, Vol. 102, 2011, pp. 239 – 316.

⑦ Chen, Z., Guan, Y., Ke, B., "Are Stock Option Grants to Directors of State – Controlled Chinese Firms Listed in Hong Kong Genuine Compensation?", *The Accounting Review*, Vol. 88, No. 5, 2013, pp. 1547 – 1574.

公司治理、公司特征、在职消费以及约束机制角度考察其对股权激励计划的影响。吕长江等（2011）① 从制度背景、公司治理、公司特征等角度进行研究，发现市场化程度高的地区的公司、非管制行业的公司、治理不完善的公司、规模大及成长性高的公司都更有动机选择股权激励。肖星、陈婵（2013）② 从已有激励水平、内部治理约束和外部市场机制角度进行了研究，发现率先实施股权激励计划公司都比同类的其他公司具有显著更高的已有激励水平，但是，国有企业实施股权激励计划的意愿与管理层约束机制显著负相关，民营企业的情况则恰好相反。从而认为，国有企业的股权激励计划符合"管理层权力论"，而民营企业则符合"最优契约论"。王烨、盛明泉（2012）从在职消费角度研究了其对股权激励的替代效应，发现在职消费高的公司，更不倾向于选择股权激励。卢馨等（2013）研究发现，股权集中度和债务融资水平对股权激励契约要素有显著影响。此外，学者也探讨了管理层权力对股权激励计划制定的影响，如王烨等（2012）的研究发现，管理层权力越大，股权激励计划中所设定的初始行权价格就相对越低；陈艳艳（2013）研究认为，管理层权力过大与股权激励方案特征被操纵在一定程度上支持了管理层权力理论。

（二）股权激励的经济后果

1. 股权激励对公司业绩的影响

早期的研究中，学者比较关注股权激励对公司业绩的影响。国外比较有代表性的学者有：詹森和梅克林（Jenson and Meckling，1976）根据利益一致假说，认为市场价值随着管理者持股而增加。Morck、Shleifer 和 Vishny（1988）③ 通过对董事会持股与托宾 Q 值关系的研究发现，当持股比例在 0—5% 时，持股比例与托宾 Q 值正相关；持股比例在 5%—25% 时，持股比例与托宾 Q 值负相关；当持股比例超过 25% 时，持股比例与托宾 Q 值又呈正相关。也有一些学者的研究支持另一种观

---

① 吕长江等：《为什么上市公司选择股权激励计划？》，《会计研究》2011 年第 1 期。
② 肖星、陈婵：《激励水平、约束机制与上市公司股权激励计划》，《南开管理评论》2013 年第 1 期。
③ Morck, R., Shleifer, A., Vishny, R. W., "Management Ownership and Markey Valuation: An Empirical Analysis", *Journal of Financial Economics*, Vol. 20, 1988, pp. 293–315.

点,即股权激励与公司业绩不相关。如 Himmelberg、Hubbard 和 Palia (1999)[1] 研究发现,在控制了公司特征和公司特定因素后,无法得到经理人股权改变影响业绩的结论。

我国学者葛文雷和荆虹玮(2008)、潘颖(2009)等研究表明,公司业绩与股权激励比例显著正相关;魏刚(2000)、李增泉(2000)、顾斌和周立烨(2007)等研究发现,股权激励对公司业绩的激励作用不显著。林大庞、苏东蔚(2011)[2] 分析了使用盈余管理修正业绩前后股权激励的上市公司与非股权激励公司的业绩,发现使用修正前的业绩,股权激励与业绩正相关;使用修正后的业绩,股权激励与业绩间的正相关关系减弱。周仁俊、高开娟(2012)[3] 研究发现,国有控股公司中,第一大股东持股比例增大,管理股权激励效果增强;民营控股公司中,第一大股东持股比例越大,股权激励效果越差。

2. 股权激励对公司风险承担的影响研究

近期研究中,学者对股权激励经济后果的研究进一步深入,特别是股权激励对公司风险承担的研究是现阶段探讨的热点。国外文献中,一些研究表明,股权激励与风险承担正相关。如 Rajgopal 和 Shevlin (2002)[4] 采用石油和天然气企业样本,研究表明,CEO 风险激励与未来的勘探风险正相关,结果显示,经理人股票期权激励了经理人减轻风险相关的代理问题。Chen、Steiner 和 Whyte(2006)[5] 基于1992—2002年的商业银行样本,发现股票期权薪酬增加了风险承担,基于期权的股票财富也增加了风险承担,即结论支持经理风险承担假定而不是经理人

---

[1] Charles P. Himmelberg, R. Glenn Hubbard, Darius Palia, "Understanding the Determinants of Managerial Ownership and the Link between Ownership and Performance", *Journal of Financial Economics*, Vol. 53, No. 3, 1999, pp. 559 – 571.

[2] 林大庞、苏东蔚:《股权激励与公司业绩——基于盈余管理视角的新研究》,《金融研究》2011年第9期。

[3] 周仁俊、高开娟:《大股东控制权对股权激励效果的影响》,《会计研究》2012年第5期。

[4] Rajgopal, S., Shevlin, T., "Empirical Evidence on the Relation between Stock Option Compensation and Risk Taking", *Journal of Accounting and Economics*, Vol. 33, 2002, pp. 145 – 171.

[5] Chen, C., Steiner, T. L., Whyte, A. M., "Does Stock Option – Based Executive Compensation Induce Risk – Taking? An Analysis of the Banking Industry", *Journal of Banking & Finance*, Vol. 30, 2006, pp. 915 – 945.

风险规避假定。布里斯利（Brisley, 2006）① 研究发现，确保一定比例的期权等待逐步增加股票价格的功能，能确保合适数量的期权被保留从而提高风险承担激励，一旦失去了它们的作用，期权将被行权。Wright、Kroll、Krug 和 Perrus（2007）② 研究发现，对于高级经理人团队而言，固定激励相对于变动激励的高比例与公司风险承担负相关，管理者股票期权直接与公司风险承担相关，经理人持股与公司后续的风险承担表现为曲线关系。罗斯（Ross, 2004）③ 研究发现，激励机制使代理人或多或少地存在风险规避，探讨了使代理人或多或少风险规避与冒增加或减少风险薪酬安排的二元性。Chen 和 Ma（2011）④ 通过考虑经理人的个人风险规避，检验了经理人股票期权对公司业绩的风险效应，研究发现，经理人薪酬增加了经理人的风险承担，但这种风险承担被经理人个人的风险规避所约束。此外，证据也显示，经理人股票期权所激发的经理人风险承担将增加公司的长期和近期的股票回报，且近期的负回报和投资方面的长期正回报表明了经理人股票期权对公司业绩的作用时间。这些结果表明，经理人更多地关注股票风险及回报而不是近期的会计业绩。Bova、Kolev 和 Zhang（2015）⑤ 研究发现，公司风险与经理人和非经理人持有的股票以及期权产生的激励相关，并与这些激励的相互作用相关。

一些研究表明，股权激励导致了风险规避。如威斯曼和戈梅兹·梅加（1998）提出了行为代理框架，认为期权导致了经理人风险规避；Larraza – Kintata 等（2007）、Sawers 等（2011）的研究也支持上述观

---

① Brisley, N., "Executive Stock Options: Early Exercise Provisions and Risk – Taking Incentives", *The Journal of Finance*, No. 5, 2006, pp. 2487 – 2509.

② Wright, P., Kroll, M., Krug, J. A., Perrus, M., "Influences of Top Management Team Incentives on Firm Risk Taking", *Strategic Management Journal*, Vol. 28, 2007, pp. 81 – 89.

③ Ross, S. A., "Compensation, Incentives, and the Duality of Risk Aversion and Riskiness", *The Journal of Finance*, Vol. 1, 2004, pp. 207 – 225.

④ Chen, Y. – R., Ma, Y., "Revisiting the Risk – Taking Effect of Executive Stock Options on Firm Performance", *Journal of Business Research*, Vol. 64, 2011, pp. 640 – 648.

⑤ Bova, F., Kolev, K., Zhang, X. F., "Non – Executive Employee Ownership and Corporate Risk", *The Accounting Review*, Vol. 90, No. 1, 2015, pp. 115 – 145.

点。Baixauli – Soler 等（2015）① 的研究综合了上述两个方面，发现经理人股票期权为 TMT 团队成员创造的财富与公司风险承担之间存在倒"U"形关系，且与那些不存在性别差异的团队相比，有女性代表的团队行为更保守，证据表明，公司风险承担受到分别关注目前和预期财富的委托—代理理论和行为代理理论共同作用。

  国外文献也进一步研究股权激励影响了经理人对哪些风险的承担、股权激励对不同风险类型的影响，以及股权激励是否增加了过度风险。如 Coles 等（2006）② 研究发现，CEO 财富对股票价格波动性（Vega）导致了较高风险的政策选择，包括较多的投资在研发项目上、更高的财务杠杆。Dong 等（2010）③ 认为，CEOs 财富对股票回报波动率的敏感性越高，就越有可能选择债务而不是权益作为资金筹集工具，从而认为，股票期权导致了过度的风险承担。Huang、Wu 和 Liao（2013）④ 基于 2006 年 1 月至 2011 年 6 月中国上市公司的数据，研究发现，风险承担激励越大，就越会导致经理人投资更多在研发项目，更少投资在资本项目，管理者风险承担激励对公司财务杠杆也有正向影响。Armstrong 和 Vashishtha（2012）⑤ 研究表明，股票期权报酬对收益的波动率或股票的波动率让风险规避的经理人有动机通过系统性风险而不是个别风险增加公司风险，主要原因是公司系统风险的增加能够通过市场组合交易规避。结果也显示，当系统性风险项目可选择时，股票期权并没有激励经理人选择那些有个别风险的项目。Hayes、Lemmon 和 Qiu（2012）⑥ 研究表明，执行《股权激励有关事项备忘录 1 号》《股权激励有关事项

---

  ① Baixauli – Soler, J. S., Belda – Ruiz, M., Sanchez – Marin, G., "Executive Stock Options, Gender Diversity in the Top Management Team and Firm Risk Taking", *Journal of Business Research*, Vol. 68, 2015, pp. 451 – 463.

  ② Coles et al., "Managerial Incentives and Risk – Taking", *Journal of Financial Economics*, Vol. 79, 2006, pp. 431 – 468.

  ③ Dong et al., "Do Executive Stock Options Induce Excessive Risk Taking?", *Journal of Banking & Finance*, Vol. 34, No. 10, 2010, pp. 2518 – 2529.

  ④ Huang, Y. – T., Wu, M. – C., Liao, S. – L., "The Relationship between Equity – Based Compensation and Managerial Risk Taking: Evidence from China", *Emerging Markets Finance & Trade*, Vol. 49, 2013, pp. 107 – 125.

  ⑤ Armstrong, C. S., Vashishtha, R., "Executive Stock Options, Differential Risk – taking Incentives and Firm Value", *Journal of Financial Economics*, Vol. 104, 2012, pp. 70 – 88.

  ⑥ Hayes, R. M., Lemmon, M., Qiu, M., "Stock Options and Managerial Incentives for Risk Taking: Evidence from Fas 123R", *Journal of Financial Cconomics*, Vol. 105, 2012, pp. 174 – 190.

备忘录 2 号》和《股权激励有关事项备忘录 3 号》后，所有公司戏剧性地减少了期权的使用，且期权使用的降低与会计成本强烈相关，没有证据表明，随着期权会计处理的改变，期权使用的降低导致了更少的风险投资和财务政策，即结论并不支持期权薪酬可用来减少经理人与股东之间风险相关的代理问题。

国内文献中，解维敏、唐清泉（2013）① 研究发现，管理层持股有利于激励公司风险承担。刘蕾、吴宏伟（2014）② 认为，实施包含股票期权在内的经营者薪酬激励可以大幅度提高经营者在风险投资后的投资报酬，使经营者的风险投资收益与所承担的风险相一致，从而提升经营者进行风险投资的动机，激励经营者选择风险投资行为。孙桂琴、马超群、王宇嘉（2013）③ 将股权激励计划分为福利型股票期权和激励型股票期权，研究表明，福利型股票期权对管理者的风险激励效果弱于激励型股票期权，同时，激励型股票期权总体上对管理者风险承担没有显著影响，福利型股票期权使管理层更加厌恶风险。李小荣、张瑞君（2014）④ 研究发现，高产品市场竞争公司股权激励与风险承担存在"U"形关系，代理成本越高，风险承担水平越低，都支持代理成本假说。苏坤（2015）⑤ 研究发现，股权激励有助于管理层克服风险规避倾向，促进公司风险承担，从而有利于公司对投资机会的利用，提高资本配置效率，并且与非股权激励公司相比，公司风险承担对资本配置效率的促进作用在股权激励公司更为明显。谢德仁（2007）⑥ 研究发现，企业风险至少部分内生于经理人的行动，为实现追求风险激励，经理人报

---

① 解维敏、唐清泉：《公司治理与风险承担——来自中国上市公司的经验证据》，《财经问题研究》2013 年第 1 期。
② 刘蕾、吴宏伟：《论股票期权激励下的风险报酬》，《河北经贸大学学报》2014 年第 2 期。
③ 孙桂琴、马超群、王宇嘉：《股票期权计划类型对管理者风险承担行为的影响——基于 2006—2012 年中国上市公司面板数据》，《经济与管理研究》2013 年第 11 期。
④ 李小荣、张瑞君：《股权激励影响风险承担：代理成本还是风险规避？》，《会计研究》2014 年第 1 期。
⑤ 苏坤：《管理层股权激励、风险承担与资本配置效率》，《管理科学》2015 年第 3 期。
⑥ 谢德仁：《经理人激励的细分：隐藏行动、努力成本和风险厌恶》，《南开管理评论》2007 年第 4 期。

酬应是企业绩效的凸函数。尚航标、黄培伦（2014）① 研究表明，股权激励促使高管认知偏好从风险规避变为风险爱好，当企业采取股权激励时，面对绩效的负向反馈，企业会积极采取风险战略行为。孙自愿等（2011）② 发现，经理人的风险厌恶倾向导致其降低持股比例，激励因素倾向使经理人增加持股比例，而不公厌恶使经理人持股比例在1/2左右，当经理人努力是不可缔约的且经理人是不公厌恶和风险厌恶时，为激励经理人进行智力投资，必须赋予其一定比例的股权，使委托人与代理人利益趋于一致，以降低经理人不公厌恶产生的效用损失，进而降低委托—代理成本。屠立鹤等（2016）③ 将股票期权激励方案分为高标准型和低标准型，高标准型股票期权激励与风险承担呈倒"U"形关系，低标准型股票期权激励与风险承担负相关。王栋、吴德胜（2016）④ 研究发现，高管财富—股票收益波动率敏感性与公司风险承担水平显著正相关。

3. 股权激励对企业创新的影响研究

随着对企业创新的日益重视，现阶段的研究也比较关注股权激励对企业创新的影响。

国外文献中，比较有代表性的研究有：Chen 等（2014）⑤ 研究发现，期权的风险激励与各种类型的创新正相关，经理人股票期权对产品创新活动的风险激励效应更多的是与系统性风险相关而不是特殊风险相关，经理人股票期权的风险激励效应按改进的产品、新产品、联盟、新的研究开发顺序体现，结论支持经理人有更多的动机投资在高系统性风险的项目。Chang 等（2015）⑥ 研究发现，员工持股与企业创新正相关，并且当员工对创新越重要时，"搭便车"行为就越弱，期权授予越

---

① 尚航标、黄培伦：《绩效负向反馈对风险战略行为的影响——股权激励的调节作用》，《软科学》2014 年第 4 期。
② 孙自愿、黄元元、董晶晶：《基于"不公厌恶"与"风险厌恶"的经理人持股激励契约》，《中国管理科学》2011 年第 6 期。
③ 屠立鹤：《股权期权激励与高管风险承担的关系——考虑媒体关注的调节作用》，《技术经济》2016 年第 7 期。
④ 王栋、吴德胜：《股权激励与风险承担——来自中国上市公司的证据》，《南开管理评论》2016 年第 3 期。
⑤ Chen, Y. -R., Chen, C. R., Chu, C. -K., "The Effect of Executive Stock Options on Corporate Innovative Activities", *Financial Management*, Vol. 43, No. 2, Summer 2014, pp. 271 – 290.
⑥ Chang, X., Fu, K. K., Low, A., Zhang, W., "Non – executive Employee Stock Options and Corporate Innovation", *Journal of Financial Economics*, Vol. 115, 2015, pp. 168 – 188.

广泛，有效期越长，员工持股越低，这种正相关关系越强，进一步分析显示，员工持股促进创新主要是通过期权导致的风险激励而不是基于业绩的激励。

国内文献中，徐宁、王帅（2013）① 的研究表明，采用包含股权激励的复合型配置方式能够明显促进高科技公司的动态创新能力，薪酬激励与股权激励之间也存在显著的协同效应。梁彤缨等（2015）② 研究发现，股权激励与企业研发效率之间存在显著的倒"U"形关系，并且这种关系未受到所有制性质和市场化程度的影响，但受到行业特征的影响。徐宁、徐向艺（2013）③ 研究发现，股权激励在薪酬激励与控制权激励的双重调节效应下，对高科技公司的技术创新具有促进效应。黄群慧、常耀中（2014）④ 研究发现，技术创新型企业的有效剩余索取权安排是包括股东、技术创新者和经营者的三元激励方式，能有效地促进技术创新者和经营者的努力程度与剩余贡献。叶陈刚、刘桂春等（2015）⑤ 研究发现，股权激励对企业研发支出的驱动机制包含风险规避效应与激励效应，最终驱动方向与强度取决于两类效应的博弈；限制性股票的风险效应显著强于股票期权；股票期权的激励效应显著强于限制性股票。赵国宇（2015）⑥ 研究表明，与未实施股权激励的公司相比，实施股权激励的公司的技术创新能力更强；管理层、核心技术员工和董事会持股均能提高企业技术创新能力；无论是采用限制性股票还是股票期权，管理层、董事会持股都能促进企业的技术创新，对于核心技术员工而言，选择股票期权方式更为有效。汤业国、徐向艺（2012）⑦

---

① 徐宁、王帅：《高管激励契约配置方式比较与协同效应检验——基于我国高科技上市公司动态创新能力构建视角》，《现代财经》2013 年第 8 期。
② 梁彤缨、雷鹏、陈修德：《管理层激励对企业研发效率的影响研究——来自中国工业上市公司的经验证据》，《管理评论》2015 年第 5 期。
③ 徐宁、徐向艺：《技术创新导向的高管激励整合效应——基于高科技上市公司的实证研究》，《科研管理》2013 年第 9 期。
④ 黄群慧、常耀中：《企业技术创新的剩余索取权激励研究：以电子信息产业为例》，《经济与管理》2014 年第 9 期。
⑤ 叶陈刚、刘桂春、洪峰：《股权激励如何驱动企业研发支出？——基于股权激励异质性的视角》，《审计与经济研究》2015 年第 3 期。
⑥ 赵国宇：《股权激励提升企业技术创新的路径与效果研究》，《广东财经大学学报》2015 年第 2 期。
⑦ 汤业国、徐向艺：《中小上市公司股权激励与技术创新投入的关联性——基于不同终极产权性质的实证研究》，《财贸研究》2012 年第 2 期。

研究发现，中小上市公司的经营者股权激励与技术创新投入之间存在倒"U"形关系，终极产权性质对这种关联性具有显著影响。陈金勇等（2015）[①] 研究发现，与管理层未持股企业相比，管理层持股的上市公司能够增加研发投入，获得更多创新产出并能显著提高创新效率，管理层持股比例与企业技术创新活动呈现倒"U"形关系。王建华等（2015）[②] 研究发现，创新型上市公司高管薪酬和股权激励对创新绩效具有正向影响，报酬最高的前三位高层管理者的报酬总额与专利申请量之间存在倒"U"形关系，具有较为明显的边际递减效应。胡艳、马连福（2015）[③] 研究发现，高层管理者薪酬与创新投入正相关，股权激励与创新投入呈倒"U"形关系。

4. 股权激励的其他经济后果

除上述三个方面外，学者也研究了股权激励的其他经济后果。如学者研究了股权激励对代理成本特别是两类代理成本的影响。丑建忠等（2008）[④] 研究发现，总经理持股或股权激励安排能够抑制大股东对上市公司的侵占。徐宁、任天龙（2014）[⑤] 基于民营中小上市公司的样本，研究发现，高层管理者股权激励能够抑制股东与管理层之间的第一类代理成本，但对于由控股股东与中小股东利益冲突而形成的第二类代理成本并没有显著影响。就债务代理成本的影响而言，黄志忠、郗群（2009）[⑥] 在研究外部监管对薪酬制度的影响时，发现较高的银行借款/总资产比例对高层管理者薪酬有抑制作用。江伟（2008）[⑦] 研究发现，管理层薪酬与公司业绩之间的敏感度随着负债比例的提高而下降。

[①] 陈金勇、汤湘希、孙建波：《管理层持股激励与企业技术创新》，《软科学》2015年第9期。

[②] 王建华等：《"创新型企业"高管薪酬对创新绩效存在过度激励吗》，《华东经济管理》2015年第1期。

[③] 胡艳、马连福：《创业板高管激励契约组合、融资约束与创新投入》，《山西财经大学学报》2015年第8期。

[④] 丑建忠、黄志忠、谢军：《股权激励能够抑制大股东掏空吗？》，《经济管理》2008年第17期。

[⑤] 徐宁、任天龙：《高管股权激励对民营中小企业成长的影响机理——基于双重代理成本中介效应的实证研究》，《财经论丛》2014年第4期。

[⑥] 黄志忠、郗群：《薪酬制度考虑外部监管了吗——来自中国上市公司的证据》，《南开管理评论》2009年第1期。

[⑦] 江伟：《负债的代理成本与管理层薪酬——基于中国上市公司的实证分析》，《经济科学》2008年第4期。

此外，学者也研究了股权激励对股利分配（肖淑芳、喻梦颖，2012；强国令，2012；Fenn and Liang，2006）、盈余管理的影响（苏冬蔚、林大庞，2010；Bergstresser and Philippon，2006）。

二 风险承担相关研究文献回顾

（一）风险承担影响因素

风险承担影响因素的研究视角包括管理层激励、股权性质与股权结构、管理者背景特征及社会网络等。Kim 和 Lu（2011）[1] 研究发现，当CEO 所有权较高时，将使 CEO 处于管理防御状态，更少地选择风险项目，这一点从 CEO 所有权与研发投入（研发投入被视为是风险性项目）呈倒"U"形关系中得到验证。董保宝（2014）[2] 以新企业为研究对象，发现创业能力在一定程度上会影响新企业的风险承担水平，新企业风险承担与创业能力呈倒"U"形关系。李文贵和余明桂（2012）[3] 研究了所有权性质对企业风险承担的影响，研究表明，国有企业具有更低的风险承担水平，并且这种现象主要存在于中小规模企业，当国有企业民营化后，其风险承担水平会显著上升。薛有志、刘鑫（2014）[4] 研究了公司所有权性质及控股股东的两权分离度对公司风险承担水平的影响，研究表明，相对于非国有控股公司，国有控股企业明显表现出风险承担不足的特征，公司风险承担与控股股东的现金流权嵌入程度以及控股股权的两权分离程度都呈倒"U"形关系。解维敏、唐清泉（2013）研究发现，良好的公司治理机制能够激励上市公司的风险承担，如董事会的独立性对公司风险承担有正向影响，大股东持股比例与公司风险承担之间存在"U"形关系，私有产权控股对公司风险承担有正向影响。李海霞、王振山（2015）研究认为，我国上市公司 CEO 权力与风险承担的关系更符合行为决策理论，即 CEO 权力越大，公司风险承担水平

---

[1] Kim and Lu, "CEO Ownership, External Governance, and Risk-Taking", *Journal of Financial Economics*, Vol. 102, 2011, pp. 272–292.

[2] 董保宝：《风险需要平衡吗：新企业风险承担与绩效倒"U"形关系及创业能力的中介作用》，《管理世界》2014 年第 1 期。

[3] 李文贵、余明桂：《所有权性质、市场化进程与企业风险承担》，《中国工业经济》2012 年第 12 期。

[4] 薛有志、刘鑫：《所有权性质、现金流权与控制权分离和公司风险承担——基于第二层代理问题的视角》，《山西财经大学学报》2014 年第 2 期。

就越高。张三保、张志学（2012）①研究发现，CEO管理自主权与企业风险承担和绩效显著正相关。Li和Tang（2010）、余明桂等（2013）均发现，过度自信的CEO所在企业的风险承担水平更高。张敏、童丽静、许浩然（2015）②主要从公司社会网络的角度考察其对企业风险承担水平的影响。此外，管理层激励特别是股权激励对风险承担影响的研究成果较为丰硕，前文已做归纳，此处不再赘述。

（二）风险承担的经济后果

国内外对风险承担经济后果的研究文献较少，主要有：科尔斯等（Coles et al.，2006）研究发现，CEO财富对股票波动的敏感性越高，就越可能采取高风险政策，包括选择更多的研发投资、更高的财务杠杆，高风险政策也导致高敏感性和低波动的薪酬结构。董保宝（2014）研究发现，新企业适度的冒险会有较佳的绩效，规避风险和过度风险承担都会导致绩效的降低，即风险平衡将是新企业的最佳选择。唐清泉、甄丽明（2009）研究发现，管理层风险偏爱的两维度风险倾向和风险认知均与研发投入显著正相关，验证了管理层风险偏爱是影响企业研发投入水平重要因素的假说。

在创新绩效方面，布朗和奥斯本（Brown and Osborne，2013）③研究了公共服务领域的风险与创新，认为创新与积极的风险承担密切相关，提出了风险治理的框架。克雷格等（Craig et al.，2014）④基于芬兰532家企业的调查，考虑创业导向，研究了家族企业与非家族企业主动性、风险承担与创新产出的关系，研究发现，风险承担并没有影响家族企业的创新产出，对非家族企业而言，风险承担增加了创新产出。Kraiczy等（2015）⑤主要探讨了家族企业的组织背景如何与经理人的冒

---

① 张三保、张志学：《区域制度差异，CEO管理自主权与企业风险承担——中国30省高技术产业的证据》，《管理世界》2012年第4期。
② 张敏、童丽静、许浩然：《社会网络与企业风险承担——基于我国上市公司的经验证据》，《管理世界》2015年第11期。
③ Brown, L., Osborne, S. P., "Risk and Innovation", *Public Management Reviews*, Vol. 15, No. 22, 2013, pp. 186–208.
④ Craig et al., *Exploring Relationships among Proactiveness, Risk - Taking and Innovation Output in Family and Non - Family Firms*, John Wiley & Sons Ltd., Vol. 23, No. 2, 2014, pp. 199–210.
⑤ Kraiczy et al., "What Make a Family Innovative? CEO Risk - Taking Propensity and the Organizational Context of Family Firms", *Journal Product Innovation*, Vol. 32, No. 3, 2015, pp. 334–348.

险倾向相互影响,从而影响到新产品的创新,调查研究表明,家族企业的创新通过识别社会情绪财富的风险导向视角来决定公司的行为。该研究结果显示,经理人的冒险倾向对新产品的创新有正面影响,组织背景影响了经理冒险倾向与新产品创新之间的关系,即当高层管理团队家族成员的所有权更高时,经理人冒险倾向与新产品创新的关系更弱;高层管理团队家族成员的所有权是一个强的特征,家族公司个别特征能影响个人的倾向,从而影响经理人的行为。

(三)风险承担的度量方法

在风险承担的度量方法方面,比较有代表性的主要有三种方法:

第一种方法是采用一个时期的股票日收益率、月收益率标准差作为风险承担的衡量。如 Baixauli – Soler 等(2015),采用 5 年期的股票月收益率标准差来衡量公司风险承担,采用了 90 个交易日的日股票收益率标准差进行稳健性检验;Alford 和 Boastsman(1995)[①]也认为,5 年期的股票月收益率可以比较准确地反映股票的波动率;Bova 等(2015)采用可观测的股票波动性衡量公司风险承担,采用周期为 12 个月的日股票回报率标准差来度量;Chen 等(2006)、Bova 等(2015)也采用了日股票回报率标准差来衡量总的风险承担;苏坤(2015)分别采用年化日收益率、年化周收益率和年化月收益率标准差的对数值来衡量公司风险承担。

第二种方法是采用一个时期的会计收益率标准差衡量。如 Bova 等(2015)认为,股票的波动率除受员工持股对股票市场波动的影响外,还受其他因素的影响,因此,采用 5 年期季度总资产收益率差分标准差来衡量风险承担,总资产收益率采用非经常性损益调整前的收入;余明桂等(2013)采用行业和年度调整后的 ROA(息税前利润与当年末资产总额的比率)三年期的标准差来衡量风险承担;李小荣、张瑞君(2014)及李海霞、王振山(2015)都采用了类似的方法,区别在于,前者计算的是整个样本期的标准差,后者 ROA 采用的是经过年度和行业调整后的资产收益率计算。

---

① Alford, A. W., Boastman, J. R., "Predicting Long – Term Stock Return Volatility: Implications for Accounting and Valuation of Equity Derivatives", *Accounting Review*, Vol. 70, No. 4, 1995, pp. 559 – 618.

第三种方法采用风险性项目作为风险承担的衡量，研发支出和资本支出作为风险的度量，实证研究支持风险的增加与研发支出水平正相关，与资本支出预期可能正相关也可能负相关。Bova 等（2015）采用研发支出和资本支出作为风险的度量，Huang 等（2013）也采用该方法衡量公司风险承担水平。

三　创新相关研究文献回顾

（一）影响创新的因素

基于创新绩效对企业发展和经济转型的重要作用，现有文献从宏观和微观层面开展了大量的研究。

在宏观层面，从政府资助（安同良、周绍东、皮建才，2009；郭研、李新春、郭超，2015）、司法及产权保护（庄子银，2009；肖文、林高榜，2014；潘越、潘健平、戴亦一，2015；刘思明、侯鹏、赵彦云，2015）、市场化程度（纪晓丽，2011；党文娟等，2013；成力为、孙玮，2012；曹琪格等，2014）、政治关联（袁建国、后青松、程晨，2015；杨战胜、俞峰，2014）、环境规制（刘伟、薛景，2015）等方面研究了其对创新的影响。

在微观层面，主要从所有权性质、不同性质持股、股权集中度、管理者薪酬激励等角度研究了对创新绩效的影响。国内文献中，李维安、王辉（2003）[1] 认为，为了培育企业家的创新精神，就必须从公司治理制度层面入手，完善企业经营者的选任、激励以及相应的科学决策机制，最大化企业家的创新效用，从而诱导其创新行为。李春涛、宋敏（2010）[2] 研究发现，无论从投入还是产出看，国有企业都更具有创新性，对 CEO 的薪酬激励能促进企业进行创新，国有产权降低了激励对创新的促进作用。鲁桐、党印（2014）[3] 研究表明，劳动密集型、资本密集型和技术密集型三个行业中第二至第十大股东持股比例、基金持股比例和董监高持股比例对研发投入具有正向影响；在资本密集型和技术密集型行业中，董监高的薪酬激励有利于创新活动的开展，特别是技术

---

[1] 李维安、王辉：《企业家创新精神培育：一个公司治理视角》，《南开经济研究》2003 年第 2 期。

[2] 李春涛、宋敏：《中国制造业企业的创新活动：所有制和 CEO 激励的作用》，《经济研究》2010 年第 5 期。

[3] 鲁桐、党印：《公司治理与技术创新：分行业比较》，《经济研究》2014 年第 6 期。

密集型行业中，核心技术人员的期权激励对创新活动有显著的正向影响。李文贵、余明桂（2015）[①]研究认为，非国有股权比例与民营化企业的创新活动显著正相关，在不同的非国有股权中，个人持股比例和法人持股比例更高的民营化企业更具有创新性。杨慧军、杨建君（2015）[②]通过调查问卷，研究发现，股权集中度与经理人短期薪酬激励负相关，与经理人长期薪酬激励正相关；短期薪酬激励不利于突变创新，长期薪酬激励有利于突变创新和渐进创新。张雅慧等（2015）[③]采用实验研究方法，研究表明，与短期企业和终止契约相比，长期契约下实验者的创新水平更高，说明容忍经理人短期的失败，并赋予长期薪酬更高的权重能够激励经理人进行更多的创新投入，并且有效地提高创新绩效。Shen 和 Zhang（2013）[④]研究发现，公司薪酬价值对股票波动率的敏感性越高，就越有可能增加更大的研发投资；而高波动率的公司股票异常回报和运营业绩更低。此外，薪酬激励中的股权激励对创新的影响，前文已做归纳，此处不再赘述。

（二）创新的风险管理

关于创新的风险管理主要从以下两个角度展开。

一是主要关注创新有哪些风险、如何测度并防范。如赵湜（2013）[⑤]认为，企业技术创新存在风险，技术创新的高风险阻碍了企业的技术创新意愿，为了促进企业创新，需要对企业技术创新进行风险防范并提供政府补偿，可以通过直接和间接方式补偿企业技术创新风险。尹作亮（2013）[⑥]认为，对于规模不大、实力不强的中小企业而言，技术创新风险已成为影响中小企业技术创新的主要障碍，为了有助

[①] 李文贵、余明桂：《民营化企业的股权结构与企业创新》，《管理世界》2015 年第 4 期。

[②] 杨慧军、杨建君：《股权集中度、经理人激励与技术创新选择》，《科研管理》2015 年第 4 期。

[③] 张雅慧等：《不同薪酬契约对创新行为的影响分析：实验的证据》，《管理工程学报》2015 年第 2 期。

[④] Shen and Zhang, "CEO Risk Incentive and Firm Performance Following R & D Increases", $Journal\ of\ Banking\ \&\ Finance$, Vol. 37, 2013, pp. 1176 – 1194.

[⑤] 赵湜：《企业技术创新的风险补偿机制研究》，博士学位论文，武汉理工大学，2013 年，第 1—2 页。

[⑥] 尹作亮：《中小企业技术创新风险理论与实证研究》，经济科学出版社 2013 年版，第 204—216 页。

于中小企业更好地防范技术创新中的各类风险,从技术、市场、外部环境、人力资源等方面分析了中小企业技术创新的风险防范策略。

二是从微观角度关注风险对影响创新绩效的创新行为决策的作用。刘万利、胡培(2010)研究表明,风险感知影响创业行为,即当创业者感知到损失时与创业决策行为呈负相关关系;创业者感知到收益时与创业决策行为呈正相关关系,即风险倾向在一定程度上影响创业者行为。刘兵等(2014)研究显示,高管团队和CEO风险偏好与战略选择具有显著相关关系,高管团队风险偏好各类型与战略选择各类型分别有着显著正相关关系。马昆姝、覃蓉芳、胡培(2010)研究表明,风险偏好对风险倾向没有影响作用,风险倾向正向影响创业决策。创业风险感知负向影响创业决策。李星北(2013)认为,创新过程中存在市场风险和技术风险,研究表明,销售商越担心风险,其对创新的投入越少,并会减少销售量以应对市场风险;零售商越来越害怕风险,零售商的创新投资水平和销售量逐渐下降;在考虑技术风险的情况下,风险规避程度的上升将使供应商逐渐减小对技术创新的投资,当忍受风险的水平下降到一定程度时,供应商停止技术创新。

(三)影响风险承担与创新绩效的因素

国外比较相关的文献有:Laux(2015)[1]通过数学模型,构建了最优薪酬组合,试图寻求在职业关注背景下的最优薪酬组合,以便激励经理人承担风险,寻求和从事创新项目。他认为,当公司及行业与创新及其增长提供的未来业绩息息相关,且经理人被解聘的风险很小并较少担忧失去职位的风险时,最优薪酬组合由股票期权和限制性股票组成。

国内比较相关的文献有:唐清泉、甄丽明(2009)研究表明,管理层的风险倾向和风险认知均与研发投入显著正相关,薪酬激励对研发投入有显著效应,且短期激励的效果比长期激励更好,长期激励对研发投入并无显著影响,薪酬激励在管理层风险偏爱与研发投入两者之间发挥了调节变量的作用。杨建君、张钊、梅晓芳(2012)[2]研究发现,股东与经理人信任度越高,经理人的风险承担意愿越强,经理人的风险承

---

[1] Laux, V., "Executive Pay, Innovation, and Risk-Taking", *Journal of Economics & Management Strategy*, Vol. 24, No. 2, 2015, pp. 275–305.

[2] 杨建君、张钊、梅晓芳:《股东与经理人信任对企业创新的影响研究》,《科研管理》2012年第3期。

担意愿对企业创新绩效有正向影响。于维娜等（2016）研究认为，风险承担意愿对员工创新绩效具有正向影响，创新支持调节风险承担意愿与创新绩效的关系。

四 文献评述

现有文献的研究取得了较为丰硕的成果。从股权激励角度来看，研究了股权激励的影响因素和经济后果，特别是经济后果的研究，从业绩、创新、风险承担等方面进行了多角度考察；从风险承担角度来看，对风险承担影响因素的研究较丰富，对风险承担经济后果的研究较少；从创新绩效的角度来看，已有文献从宏观、微观角度研究了影响创新绩效的因素，而从风险角度研究了创新的风险测度和风险对创新投入的影响。

总的来看，现有文献还存在以下不足：一是缺乏从我国真正实施的股权激励计划角度考察，对现有广泛存在的股票期权、限制性股票的风险承担效应没有区分，国有企业与非国有企业的差异没有体现出来，没有进一步论述股权激励对不同风险的影响以及股权激励影响了哪些项目的风险。二是缺乏从公司风险承担角度实证考察其对企业创新绩效的影响，个体层面的研究也没有区分不同的专利类型和不同的产权性质影响。三是缺乏考察股权激励对风险承担与创新绩效的作用。四是缺乏分析我国股权激励是否导致了过度风险，以及过度风险对创新的影响。而这些方面都与对合理评价我国的股权激励制度、企业建立相应的风险策略和创新战略息息相关。本书通过厘清股权激励、风险承担与创新绩效之间的关系，试图为解决上述问题提供参考。

第五节 研究思路、研究框架与研究方法

一 研究思路

本书的研究思路如下：首先基于委托—代理理论、行为代理理论、人力资本理论、激励理论、期望效用理论、创新理论、组织控制理论等理论，结合现有文献，分析了股权激励、风险承担与创新绩效的作用基础；其次实证分析股权激励对总风险、系统风险和非系统风险的影响，并区分不同股权激励类型和不同产权性质的影响；然后实证分析风险承

担对创新绩效的影响以及股权激励幅度对两者关系的调节,并区分不同创新绩效类型和不同产权性质进行研究;再次分析股权激励是否导致了过度的风险承担,过度风险承担对创新绩效的不利影响,以及是否授予股权激励对过度风险与创新绩效的调节;最后得出本书的结论和建议。

二 研究框架

本书的研究框架大致如图1-3所示。

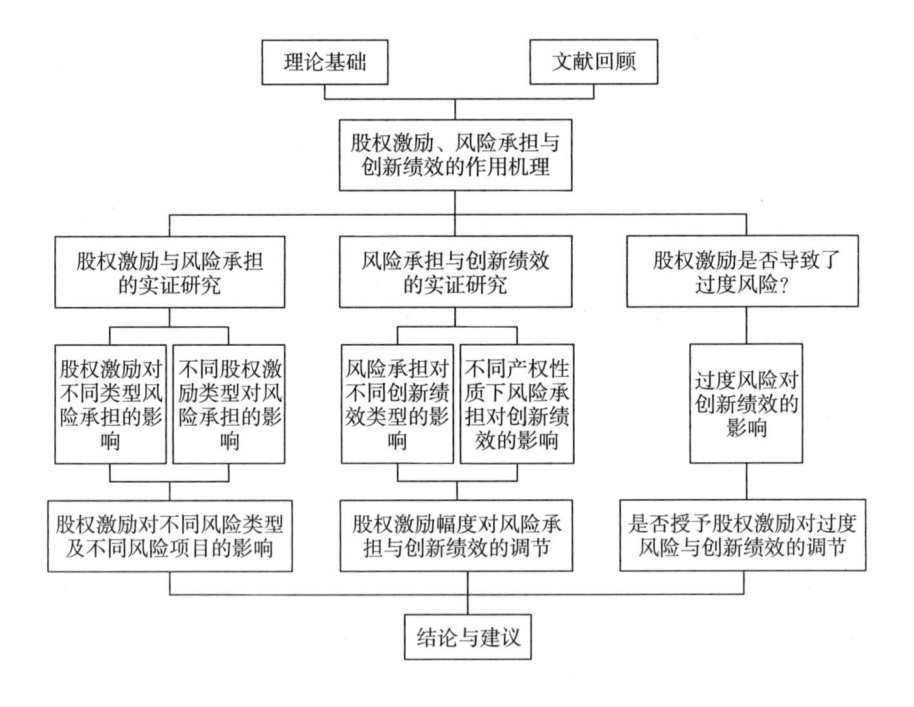

图1-3 研究框架

三 研究方法

(一)规范研究方法

以委托—代理理论、行为代理理论、激励理论、期望效用理论、创新理论为基础,分析了风险承担对创新绩效以及股权激励对两者之间调节效应的作用机理。

(二)实证研究方法

采用描述性统计、回归分析、T检验、调节效应检验等实证分析方法,对股权激励与风险承担、风险承担与创新绩效以及股权激励对两者关系的作用进一步验证。

第六节 本书结构安排

本书结构安排如下：

第一章从问题的提出入手，介绍了本书研究的目的和意义、本书的基本概念界定、文献回顾及本书的研究思路、研究框架与研究方法。

第二章首先论述了委托—代理理论、行为代理理论对股权激励与风险承担关系论述的不同视角；然后阐述了不确定性、风险以及期望效用函数理论，分析了期望效用函数对股权激励的解释力；接着论述了公司治理理论、激励理论，分析了股权激励作为公司治理中重要激励机制的作用；最后论述了创新理论和组织控制理论，分析了影响创新的机制体制，特别是风险策略和激励制度的作用。

第三章首先回顾了股权激励的制度沿革；然后基于代理理论、风险规避假说，分析了经理人的风险规避行为；接着从行为代理理论以及效用函数与期权定价模型函数的特征角度分析了股权激励对风险承担的影响；再次从创新的特征角度分析了风险承担对创新的影响；最后基于股票期权、限制性股票的特征，分析了其对风险承担与创新绩效关系的调节效应。

第四章实证分析了股权激励对风险承担的影响。不同于以往的研究，本书采用2006—2014年实施的股权激励计划，并区分股权激励计划类型以及不同的所有权性质，深入分析股权激励计划对总风险、系统风险和非系统风险的影响。同时，研究了股权激励通过提高资本支出以及财务杠杆的形式，提高了企业的风险承担水平。

第五章从理论和调查研究角度分析了风险承担对创新绩效的影响，但调查问卷的主观性较强，本书采用上市公司的数据研究具有较强的客观性。本书进一步分析了风险承担对不同创新类型即发明、实用新型及外观设计的不同作用，区分了不同产权性质的影响。

第六章检验了股权激励是否导致过度的风险承担，并进一步分析了过度的风险承担对企业创新的不利影响。本书采用中国A股上市公司的数据，实证分析了股权激励是否导致了过度的风险承担，因其自身股权激励方案的特点，其结论与国外学者存在的股权激励导致了过度风险的观点并不一致，其研究结果对合理评价股权激励计划的实践具有重要意义，并对其他国家和地区实施股权激励计划提供参考和借鉴。此外，分析了过度风险承担对企业创新的不利影响，本书的结论支持股权激励削弱了这种不利的影响。

第七章对本书的研究进行总结，提出了相应的政策意见及建议；论述了本书的创新点；指出了本书还存在的局限性。

第二章 理论基础

第一节 委托—代理理论与行为代理理论

一 委托—代理理论

美国经济学家伯利和米恩斯（Berle and Means，1932）对企业所有权与控制权相分离且控制权越来越脱离所有者并最终掌握在经营者手中的冲突进行了详细论述，认为如果利润必须同时分配给所有者和控制者，则仅应该将公平的资本报酬分配给"所有者"；其余部分则应该分配给控制者，以作为他们进行最有效经营的激励。[①]

1976年，詹森和梅克林在《企业理论：管理行为、代理成本及其所有结构》一文中对委托与代理之间的关系进行了更明确的界定，提出了现代代理理论，认为委托—代理关系是一种契约。在这种契约下，一个人或更多的人（委托人）聘用另一人（代理人）代表他们来履行某些职能，包括把若干决策权委托给代理人。在企业中，股东将自己的资金以入股的形式委托给企业的董事会，董事会再把从企业股东聚集起来形成的企业整体资产委托给总经理进行管理。资产的委托实质上是对资产的控制权和处理权的委托，委托者放弃了对资产的控制权和处理权，保留资产的所有权和监督权。股东通过股东大会和监事会，实现对资产控制和处理的监督；董事会则通过对重大问题的决策，实施对资产控制和处理的监督。反之，代理过程实质上是对资产增值责任的代理，总经理拥有对企业资产的控制权和处理权，必须承担起对企业资产增值

[①] 阿道夫·A. 伯利、加德纳·C. 米恩斯：《现代公司与私有财产》，甘华鸣等译，商务印书馆2005年版，第350页。

的责任，总经理向董事会负责，董事会向股东负责。

股东和经理人都是追求各自利益最大化的理性的人。因此，委托—代理问题可以简化为两个效用函数：一个是委托人的效用函数，另一个是代理人的效用函数。两者显然是矛盾的两个方面，代理人追求自身效用的最大化，可能损害委托人的利益，这样就存在道德风险；委托人为了自身效用的最大化，就可能降低代理人的效用，影响代理人的管理积极性，从而又影响委托人的效用。委托—代理理论就是要研究并回答这样一些问题：如何设计有效的契约以解决由所有权与控制权分离所引起的委托与代理人之间的利益冲突；怎样让企业所有者（委托人）与企业经营者（代理人）签订契约，以避免道德风险和逆向选择。

道德风险是指从事经营活动的人在最大限度地增进自身的效用时做出不利于他人的行为，即由于委托人不能把代理人行为后果与他所不能控制的不确定性风险区分开来，代理人可能把自己行为后果的责任转嫁到委托人身上而逃避风险。它具体表现在两个方面：一是偷懒行为，即代理人所付出的努力不足以匹配其获得的报酬；另一个是机会主义，即代理人做出的经济决策是为了增加自己的利益，而不是充分考虑到所有者的利益，或者说其能力是负方向的，是不利于所有者的。信息不对称还会在委托—代理关系中产生逆向选择问题。在企业委托—代理关系中，逆向选择是指委托人不知道代理人的某些信息，以致不能预测其代理行为，或者代理人有意隐瞒自己的实际情况，使委托人无法了解到代理人是否会更好地满足委托人的要求，从而签订有利于代理人的委托契约。

显然，克服或防止代理人的道德风险即偷懒和机会主义以及逆向选择行为的关键，在于处理信息不对称问题。根据契约经济学家的设想，委托人必须给予代理人适当的、有效的激励来减少他们之间的利益差距，同时花费一定的监控成本来减少直至限制代理人偏离正道的活动和行为。具体来说，就是针对"道德风险"的不同情形，采取不同的措施：一是针对代理人的偷懒行为，委托人通过分享剩余权来建立激励机制，将代理人的努力诱导出来，从而克服偷懒行为；二是针对机会主义，委托人通过信息交流来建立监控约束机制，将代理人的努力督促出来，从而防止机会主义。

从这个角度来看，股权激励正是符合上述要求并有助于降低委托—

代理成本的长期激励机制。股权激励通过委托人让渡部分剩余索取权，让代理人拥有公司的部分股权和期权，让代理人获得参与公司决议及分配剩余利益的权利，这样，代理人就具有经营者和所有者的双重身份，实现了委托人和代理人利益共享、风险共担，最终使两者的利益一致，从而降低代理成本，提升企业业绩。股权激励能使经理人预期收益与公司业绩紧密相连，使代理人的目标利益函数尽可能地接近委托人，从而解决委托—代理问题，又实现对经理人的激励。

二 行为代理理论

威斯曼和戈梅兹·梅加（1998）基于代理理论和前景理论，构造了关于经理人风险承担的行为代理模型（Behavioral Agency Model，BAM），并结合内部公司治理，解释了经理人的风险承担行为。该模型认为，经理人的风险行为随着监督环境的不同，代理人可能存在风险寻求和风险规避行为。

威斯曼和戈梅兹·梅加认为，在以代理理论为基础的公司治理模型中，代理人的风险行为要么是风险规避的（偏好以较低的风险选择获取较低的回报）或者是风险中性的（寻求那些风险能够得到补偿的项目），而忽略了风险寻求的可能性或者风险偏好行为（接受那些选择风险并不会完全被补偿的机会）。而行为决策理论放宽了代理人持有一以贯之的风险态度假定，采用行为理论研究风险承担，认为存在随着公司治理环境的变化，代理人风险态度也变化的可能性。

威斯曼和戈梅兹·梅加认为，委托—代理理论简单地假定代理人持有一以贯之的风险规避是不合适的，且公司治理因素对解释管理者的风险态度也是不充分的，因代理人的决策受到决策环境的影响。行为代理模型也打破了传统的委托—代理理论，认为决策者的风险态度会随着实际情景的改变而改变。威斯曼和戈梅兹·梅加也用损失厌恶假设代替以往的风险厌恶假设，认为比起追求未来财富最大化，代理人更关注现有财富损失的最小化。在此观点的基础上，行为代理模型认为，在积极的决策环境下，决策者会倾向于保护现有的财富，进而表现出相对保守的态度；消极的决策情景由于可能导致现有财富的损失，因而会促使决策者去采取一些具有更高风险水平的决策，以便去尽量地避免损失的发生，公司决策行为也依赖于在公司占控制地位的决策者个人的风险态度。

具体到股票期权而言，威斯曼和戈梅兹·梅加认为，经理人是损失厌恶的，因此，他们试图保护自己目前的财富免受可能的损失，而股权激励让经理人更多的财富处在风险之中，让经理人风险负担增加，即风险越大，冒险的吸引力更小，由于经理人更多的财富处于威胁之中，从而增加风险规避而不是降低风险规避。就像基本工资，期权变成了目前感知的持有财富的一部分，与损失规避一致，代理人为了保护这些财富以获得更多新的期权的选择将导致风险规避。特别地，如果期权的内在价值是正的，损失规避的经理人更不愿意冒险，因为可能降低了目前的财富，导致期权价值降低。

基于上述分析，可见，行为代理理论基于委托—代理理论，但打破了委托—代理理论的前提假设，其结论与委托—代理理论有显著不同。代理人风险态度的假定认为，代理人的风险态度会随着实际决策情景的改变而改变。研究显示，依据委托—代理理论，经理人股票期权能够让经理人为增加他们期权的价值，从而承担更多增加公司股票价格的风险；而基于行为代理理论则认为，基于权益的薪酬导致经理人承担了过度风险，经理人基于保护自己目前的财富，从而采取稳健的行为，导致更加风险规避。

第二节　不确定性、风险及期望效用理论

一　不确定性与风险

（一）不确定性

1921年，弗兰克·奈特在《风险、不确定性与利润》[①]一书中创新性地引入了"不确定性"概念。他认为，"风险"是指可度量的不确定性，"不确定性"是指不可度量的风险。即不确定性是指经济行为结果是不确定的，即对于未来的收益和损失等经济状况的分布范围及状态不能确知，结果的分布是未知的，人们根本无法预知没有发生过的将来事件，是全新的、唯一的、过去从来没有出现过的；风险是一种人们可知

[①] 富兰克·H. 奈特：《风险、不确定性和利润》，王宇、王文玉译，中国人民大学出版社2005年版，第172—176、196页。

其概率分布的不确定性，结果的分布是已知的，人们可以根据过去推测未来的可能性。

奈特认为，利润之所以成立，正是因为"不确定性"，而不是"风险"。唯一导致利润的风险是具有唯一性的不确定性，是承担最终责任的结果。而最终责任，就其本质来说，无法资本化，无法工资化，利润来源于固有的、绝对不可预测的事情，人类行为的结果是无法预测的。从这个角度来看，要减少不确定性，主要从两个角度出发：一是通过概率归类来减少不确定性；二是通过选择一些乐于"承担"不确定性的人来减少不确定性。

奈特认为，基于个人态度和能力的区别，比如，认识和推断事件发展进程的判断力不同、识别和适应未来变化的方法和能力不同、执行能力不同、对做出的判断和执行能力的自信程度不同，从而人们看问题的角度也是不同的。为此，选择员工出现了新的趋势，比如，对未来的判断力和适应性、预见能力及其选择决策，团队的专业化，挑选有管理能力、自信于自己的判断并勇于承担风险的人带领和指挥团队。在这个基础上，企业家和管理者具有重要作用，因为现实的经济过程是由预见未来的行动构成的，而未来总是存在不确定因素，企业家就是通过识别不确定性中蕴含的机会，并通过对资源整合来把握和利用这些机会获得利润。

可见，在不确定性的假设下，决定生产什么与如何生产优先于实际生产本身，生产的内部组织至关重要。因为只有少数人是风险偏好者，大多数人是风险规避和风险中性的，即生产的组织首先是要找到具有管理才能且愿意承担风险的人，负责组织生产和经营，通过承担风险获得剩余。对于风险规避和风险中性者，在交出了对不确定性的控制权后转嫁了风险，从而获得固定的工资。而管理者在生产过程中做出的决策和控制，需要与承担决策的结果相结合，否则这种控制起不到效果，也不是最终的控制。从而需要评估人的判断力和能力，从而把行为的不确定性转变为可度量的概率，结合他们将要面对的问题判断他们，并驱使他们有效地判断其他的人和事。在这个角度上，基于不确定性和管理者对不确定性的意动情感，挑选合适的管理者以及如何通过与结果相结合的报酬评估和判断他们，将具有十分重要的实际意义。

（二）风险

在奈特的分析中，认为减少不确定性，一是通过挑选合适的人来承担不确定性;二是通过概率归类来减少不确定性,使其成为可度量的风险。风险是指决策者面临这样一种状态,能够事先知道事件最终呈现的可能状态,并且可以根据经验知识或历史数据,比较准确地预知可能状态出现的可能性的大小,即知道整个事件发生的概率分布。在财务领域中,最关注的是风险因素影响范围的大小,即系统风险和非系统风险。系统风险是指由于公司外部、不为公司所预计和控制的因素造成的风险,无法通过分散投资或多元化投资来降低的风险;非系统风险是指由于个别因素造成的公司特有风险,是可以通过多元化投资来分散的风险。

从人们对风险的态度看,一般认为,多数人是风险厌恶的或风险中性的,愿意或喜好风险转移;少数人是风险偏好的,愿意承担风险。

二 期望效用理论

1738年,伯诺利兹(Bernoulliz)最早提出了期望效用,然后由冯·诺依曼和奥·摩根斯坦(Von Neumann and O. Morgenstern)继承和发展,于1994年形成期望效用函数理论体系。期望效用理论是风险和不确定性决策问题的经典模型,建立了不确定条件下进行选择和风险决策的分析框架,形成了风险分析和风险管理的理论体系。

1738年,伯努利在解释圣彼得堡悖论时,提出了效用值概念。效用是人们在某一特定时期、从某一特定组合中获得满足的程度,效用函数描述的是人们面对各种选择时,某种选择所导致的特定结果所带来的生理和心理满足程度之间的关系。人们在拥有不同量财富的条件下,增加等量财富所感受到的效用值是不同的,随着财富量的增加,其效用值也在增加,但效用值的增长速率却是递减的。

冯·诺依曼和奥·摩根斯坦进一步发展了效用理论,基于完备性公理、传递性公理、连续性公理和独立性公理等公理化假设,其用对数函数来衡量效用值以及概率来反映不确定性,以期望的效用值来建立效用函数。通过期望效用函数可知,财富的期望值并不是人们决策的主要依据,当两个方案的期望值相近但风险差异较大时,人们会选择风险较小的方案,即在考虑风险的情况下,真正影响决策的是决策者的风险态度。

期望效用函数假定消费者或投资者的效用函数是凹性的,即其边际效应是递减的。在此基础上,可以推导出风险厌恶假设,即投资人厌恶风险。从而当风险越大时，投资者必然会要求更高的报酬以弥补风险。基于期望效用理论，经理人作为理性经济人，其效用函数具有凹函数的性质，是风险规避的。若希望经理人冒一定的风险，必然需要更高的报酬来补偿，而以权益为基础的激励具有凸函数的性质，正好弥补了经理人效用函数的凹性，从而促进经理人的风险承担。

第三节 人力资本、公司治理与激励理论

一 人力资本理论

人力资本理论由美国经济学家西奥多·舒尔茨（Thodore Schults）提出并由此获得诺贝尔经济学奖。他在1960年发表的《人力资本投资》的演说中阐述了很多无法用传统经济学原理解释的经济问题，明确提出了人力资本是促进国民经济增长的主要原因，开辟了关于人力资本的新思路。人力资本理论突破了传统理论中只有物质资本的束缚，将资本分为人力资本和物质资本。人力资本是指体现在人身上的资本，即对生产者进行学习教育、技能培训等成本的总和，表现为蕴含于人身上的各种知识、劳动、经验、素质、管理技能等存量的总和；物质资本是指表现为物质的资本，包括机器、设备、厂房、土地、原材料、货币等。周其仁强调"人力资本的产权特征"，指出，由于人力资本与其所有者不可分离性，意味着对人力资本所有者的激励问题是一个永恒的话题。

新制度经济学派从契约角度来解释企业的本质，认为企业是各种要素所有者达成的一个契约，企业的利益是所有参与签约的各方的共同利益，而不仅仅是股东的利益。经济学家科斯在关于市场里的企业合约理论中也提出，企业是一个人力资本与非人力资本共同订立的特殊市场合约，在物质资本占主导地位的工业化时代，决定企业生存与发展的主导要素是企业拥有的物质资本。一个企业的物质资本越雄厚，企业的发展条件就越优越。所以，在企业中，物质资本的所有者就占据着统治地位：出资人的利益高于其他要素所有者的利益，企业经营决策的最终决定权也掌握在股东手中；即使在两权分离的大公司中，股东也可以通过对经营者的任免来实现作为企业所有者的意志的。但是，在知识经济时

代，物质资本与人力资本的地位却发生了重大变化：物质资本的地位相对下降，而人力资本的地位相对上升；企业要素所有者地位的变迁决定了企业在知识经济时代不再是仅仅属于股东，而是归属于企业的"相关利益主体"。

西奥多·舒尔茨认为，人力资本与物资资本既有同质性又有异质性。同质性表现为两者都有资本属性，都能带来收益；异质性在于两者的收益率是不同的。人力资本拥有公司的经营控制权，而物质资本拥有公司的剩余控制权。公司价值主要体现为公司剩余即利润，这些利润应通过合理的制度安排使人力资本与物质资本共同分享，从而达到一种均衡状态，以利于公司的发展和其整体价值的不断增加。由于现代公司的发展使人力资本尤其是特殊的人力资本——公司经理人的重要性越来越大，人力资本也应按一定的比例参与公司剩余的分享，从而体现制度安排的合理性。

根据人力资本理论，企业高素质人才的人力资本不是简单的物质投入就能形成的，需要长期的教育、培训、经历等，特别是企业管理者，作为特殊的人才，相对于其他人力资本来说是稀缺的，因此，需要对他们制定一种长期的激励机制，使其获得较长时间的投资，才能充分发挥人力资本的优势。基于此，西方企业界与理论界设计了各种可操作的方案来明确人力资本的价值，针对在企业中具有特殊地位的经理人，就是重要的经理人股票期权制度。而我国企业也正是由于认识到人力资本的价值，通过引入股权激励对经理人的人力资本服务价值进行认可，即股权激励作为一种长期的激励手段，能将人力资本价值与企业的业绩联系起来，不仅能有助于提高企业的经营业绩，还能有效地防止公司的人才流失，为公司留住优秀的人才，同时还能吸引更多优秀的人力资本。

二　公司治理理论

公司治理是指所有者（主要是股东）对经营者的一种监督与制衡机制，即通过一种制度安排，来合理地配置所有者与经营者之间的权利与责任关系。[1] 其主要治理结构是通过股东大会、董事会、监事会及管理层所构成的内部治理。广义的公司治理是通过一套包括正式或非正式的、内部的或外部的制度或机制来协调公司与所有利益相关者之间的利

---

[1] 李维安：《公司治理学》，高等教育出版社2009年版，第13页。

益关系，以保证公司决策的科学化，从而最终维护公司各方面的利益。

股份公司的存在使所有权和经营权相分离，产生委托—代理关系。而委托人与代理人的利益并不一致，代理人存在道德风险和逆向选择，从而需要建立一系列的机制，对代理人进行监督和激励，以确保代理人按委托人的利益行事。从这个角度来看，公司治理中最重要的就是如何对代理人进行监督与激励，以及如何处理股东与经理人之间的利益分配关系。

传统的公司治理奉行的是"股东至上"的单边治理模式，即由物质资本的提供者——股东独享企业的所有权，股东是公司的唯一所有者，公司经营的目标也是股东利益的最大化，公司的全部剩余也应全部归股东所有。但是，随着人力资本在企业中的作用越来越重要以及人力资本研究的大力兴起，在公司治理体系中，也越来越多地考虑人力资本的参与，即由物质资本和人力资本共同分享企业所有权，人力资本的所有者也参与公司治理。随着公司经营的日益复杂化和多元化，公司治理也发展为利益相关者共同治理的模式。在此模式下，公司的所有权应由股东、债权人、供应商、雇员、消费者、政府等利益相关者共同分享，公司经营的目标是实现相关者利益的最大化，达到经济目标、社会目标、个人目标及公共目标的平衡发展。

此外，在现行的公司治理体系中，不能忽视主要存在的两类代理问题，即股东与管理层之间的第一类代理问题和控股股东与中小股东之间的第二类代理问题。特别是在股权相对集中或高度集中的中国上市公司，控股股东"隧道行为"的存在，使第二类代理问题不容忽视。两类代理问题的存在，以及人力资本在公司治理中的重要性，从而使公司需要建立相应的制度安排，让公司中重要的人力资本所有者参与治理，实现对人力资本所有者的激励。

公司治理中两类代理问题的存在，让股权激励计划显得特别必要。由于所有权与控制权的分离，代理人会存在道德风险及偷懒行为和机会主义及逆向选择问题，从而导致委托人（股东）与代理人之间利益不一致。为了降低股权代理问题，有必要通过引入基于权益的薪酬，将经理人的报酬与公司财富最大化联系起来，激发经理人的主人翁意识与工作热情，从而将股东与经理人的利益协调一致。即让管理者成为剩余索取权的拥有者，可以消除或减少第一类代理问题。如果上市公司代理冲突较为严重,为了使公司经理人的目标与股东目标保持一致,股权激励是一种有效的手段。因此,第一类股权代理问题的存在,使企业依赖股权激励计划减轻代理问题。

此外,普遍存在的大股东掏空、侵占上市公司利益的行为,使大股东与中小股东的冲突日益激烈,公司中第二类代理问题突出。为了抑制大股东的掏空行为,避免对中小股东利益的侵害,需要设计合理的治理机制。通过股权激励使经理人的利益与公司业绩紧密相连,增强了经理人对影响公司利益决策的关心和判断,更有动力和能力支持正确的决策,对大股东干预企业经营活动以提高自身利益的非正确决策拒绝、抵触的可能性加大。对中小股东而言,随着其自我利益保护的意识逐步增强,在独立董事选择、董事任免以及股东大会决策中利益诉求表达的意愿也逐步增强,因此,也会赞同这一将经理人目标与组织目标协调一致的激励机制。一方面经理人积极性的提高有助于为中小股东创造更多财富,另一方面对经理人未来同样是中小股东身份的认同,也会让中小股东相信经理人会采取与其利益一致的行为。

那么,实施股权激励,会不会造成控股股东与经理层的合谋从而侵害中小股东利益呢?答案是否定的。一是由股权激励的激励比例所决定的,上市公司实施股权激励的总计比例不得超过10%,分摊到激励对象个人的持股比例非常小,因此,与中小股东的利益会更加一致。二是以股票或期权为基础的股权激励与货币薪酬显著不同,大股东掏空对经理层造成的货币薪酬损失可以通过非货币薪酬进行弥补,但是,由于此行为造成的企业业绩下降影响的股权薪酬是无法弥补的。三是与大股东合谋也让经理人面临诉讼或声誉受损的风险。因此,第二类代理问题的存在,也愿意选择股权激励计划,从而抑制大股东对中小股东利益的侵占,也有利于避免与经理层合谋损害中小股东利益。

三 激励理论

自20世纪20年代泰罗创立管理学以来,激励问题就成了国外学者广泛关注的对象。此后,在总结和归纳经验的基础上形成了侧重于对人的心理和行为之间关系进行分析的管理激励理论。激励是指激发人的行为动机,鼓励人们为实现目标而行动的心理过程。在组织中,激励就是通过设计适当的制度与机制,对成员的行为进行引导来实现目标的系统活动。激励的目的在于激发人的正确行为动机,调动人的积极性和创造性，充分发挥人的潜能，做出最大的成绩。

经济学中的激励理论建立在"经济人"假设的基础上，运用逻辑推理和数学模型推导形成。在委托—代理关系下，由于委托人和代理人之间的信息不对称，代理人为了追求自身利益最大化可能会做出不利于委托人利益的行为，最终产生委托人和代理人之间的冲突。为了解决这种冲突，追求利益最大化的委托人希望设计出理想的激励机制来达到激励效果，使两者的利益一致，以达到企业利益的最大化。现有研究主要遵循了这两种思路。

（一）管理激励理论

结合管理实践，学者从不同的角度研究如何激励人的问题，并提出了较多激励理论，这些理论按照侧重点不同可以分为内容型激励理论、过程型激励理论和行为改造型激励理论。

1. 内容型激励理论

内容型激励理论，又称为需要理论，是指针对激励的原因与其激励作用因素的具体内容进行研究的理论，它从人的需要出发来解释引起、维持、指引行为去实现目标的因素是什么。内容型激励理论着重研究激发动机的诱因，从人的需要角度回答"用什么激励"的问题，主要包括马斯洛的需求层次理论、赫茨伯格的双因素论、奥德弗的 ERG 理论等。

需求层次理论是由美国著名心理学家亚伯拉罕·马斯洛在 1943 年提出的，他将人的需求由低到高划分为五个层次，这五个层次的需求分别为生理需求（Physiological needs）、安全需求（Safety needs）、情感和归属需求（Love and belonging）、尊重需求（Esteem）和自我实现需求（Self-actualization）。其中，生理需求是指满足人类个人生存所必需的身体需求；安全需求是指避免人的身心受到伤害，当这类需求得到满足后将不再成为激励因素；情感和归属需求包括感情、归属、友谊等，它比生理需求更为细致；尊重需求是要求个人的能力和成就得到社会的承认，尊重需求又可以分为内部尊重和外部尊重；自我实现需求是最高层次的需求，包括个人的成长、发挥个人的潜能、实现个人理想的需求。这五种需求由低到高依次排列，按层级逐级上升，只有当低层次的需求部分得到满足后，高层次的需求才会出现，但这种需求层次的逐级上升并非是按照全有全无的规律，不需要低层次的需求全部满足高层次的需求才会出现。1954年，马斯洛在《激励与个性》一书中又提出了另外两种需求：求知需求和审美需求，从而由低到高的七个层次为生理需求、安全需求、情感和归属需求、尊重需求、求知需求、审美需求和自我实现需求。

双因素理论，又称为激励保健理论（Hygiene – Motivational Factors），是由美国心理学家赫茨伯格于1959年提出的。双因素理论认为，影响人的行为因素有保健因素和激励因素两大类。保健因素是指与工作相关的外在因素，如工作环境、人际关系、公司政策、工资福利、管理措施等，保健因素只能消除员工的不满意，并不会起到激励的作用，当这些因素恶化到员工难以接受的程度时将会对工作产生不满意。激励因素是指与工作相关的内在因素，包括工作的成就感、工作责任、成长和发展的机会等，这些因素可以提升员工的个人满足感，激发员工的工作热情，从而推动企业生产效率的提高。双因素理论的核心在于"只有激励因素才能够给人们带来满意感，而保健因素只能消除人们的不满，但不会带来满意感"这一论断，它和需求层次论有相似之处。双因素理论中的保健因素相当于需求层次理论中的生理需求、安全需求及情感和归宿需求，激励因素相当于需求层次理论中的尊重需求和自我实现需求，但这两种理论都只是针对个人需求的，并没有将个人需求的满足和组织目标的达到结合起来。

美国耶鲁大学克雷顿·奥德弗（Clayton Alderfer）在马斯洛层次需求理论的基础上进行了深入研究，他1969年在《人类需求新理论的经验测试》一文中将需求层次进行重组后提出了人类的三种需求：生存需求（Existence Needs）、关系需求（Relatedness Needs）和成长需求（Growth Needs），也称作ERG理论。其中，生存需求与人们基本生存的物质条件相关，包括需求层次理论中的生理需求和安全需求；关系需求是指人们进行人际关系的需求，这与需求层次理论中的情感和归属需求以及尊重需求中的外在部分相对应；成长需求与需求层次理论中的尊重需求中的内在部分和自我实现需求相对应。ERG理论认为，人在同一时间可能不止有一种需求，这三个需求缺少任何一种需求，不仅会促使人们去追求该层次的需求，也会促使人们转而追求高一层次的需要，还会使人更多地追求低一层次的需要。ERG理论也认为，任何时候，人们追求需求的层次顺序并非那么严格，优势需要也不一定那么突出，因而对个体的激励措施可以多样化。

2. 过程型激励理论

过程型激励理论是从需求的满足过程出发，分析和探讨人的行为如何产生、如何导向目标并持续下去，主要侧重于解释从动机的产生到采取具体行动再到需求满足的心理过程，回答了"如何激励"的问题[①]，主要包括弗鲁姆的期望理论、洛克的目标设计理论、亚当斯的公平理论等。

1964年，心理学家弗鲁姆在《工作和激励》一书中提出了期望理论，其基本观点是：人们采取某种活动的积极性，取决于他对该活动达到预期目标的可能性以及这种活动结果对他的价值。这个理论可以用公式表示为：激励力量＝效价×期望值。其中，激励力量是指调动个人的积极性，激发个人内在潜能的程度；效价是指达成目标对于满足个人需要的价值；期望值是指根据个人的经验对目标达成的可能性程度。这个理论公式说明人的激励取决于期望值与效价的乘积，一个人对目标的把握度越大，达到目标的概率越高，激励作用越强，积极性也就越大。

目标设计理论是由美国马里兰大学管理学兼心理学教授洛克（E. A. Locke）于1967年提出的。他认为，目标是人们行为的最终目的，目标本身就具有激励作用，能将人的需求转变为动机，从而实现设定的目标。这种使需求转化为动机，再由动机支配行动以达成目标的过程就是目标激励。目标设计主要有以下四个要点：一是目标难度（Goal Difficulty），是指目标的挑战性和达到目标所需要的努力程度；二是目标清晰度（Goal Specificity），是指要使目标能够引导个体的努力，它必须是清晰具体的，主要体现在工作任务的内容和方向、最后完成期限和应达到的绩效标准等方面；三是自我效能感（Self – Efficacy），是指以个体对能力、经验、过去的绩效、与任务目标相关的信息等多种资源的感知作为评估基础，对自己能否有效地实现特定行为目标的自我认知；四是调节变量（Variables），是指对目标与绩效之间关系的强度进行调节的因素，包括能力、目标承诺、反馈、任务复杂性等方面。

公平理论，又称为社会比较理论，是由美国心理学家约翰·斯塔

---

① 梁阜、贾瑞乾、李鑫：《薪酬体系设计的新理念——基于综合运用激励理论的视角》，《东岳论丛》2013年第4期。

希·亚当斯（John Stacey Adams）于1965年在综合有关分配的公平概念和认知失调的基础上提出的一种激励理论，该理论认为，人受到的激励程度不仅取决于他们得到了什么，也取决于对自己所得和别人所得的主观比较感觉。公平理论可以用以下公式来表示：

$$O_A/I_A = O_B/I_B \qquad (2-1)$$

其中，O_A为A自己对所获报酬的感觉，O_B为A自己对他人所获报酬的感觉，I_A为A自己对个人所做投入的感觉，I_B为A自己对他人所做投入的感觉。当$O_A/I_A = O_B/I_B$时，A感到自己的投入所得比和他人大致相当，就会心理平静，感到满意；当$O_A/I_A < O_B/I_B$时，A会产生不安全感，心理不平静，工作不努力，消极怠工，在这种情况下，A可能会要求增加自己的收入、减少自己的努力程度、要求组织减少比较对象的收入、要求组织增大比较对象的努力程度等行为，使左右两边趋于相等；当$O_A/I_A > O_B/I_B$时，会令A兴奋，在这种情况下，A可能会要求主动多做一些工作来消除收入过高带来的心虚、不安全感激增等心理，是最有效的激励行为。除与他人进行横向比较外，个体还会将自己目前投入的努力与目前获得报酬的比值与自己过去投入的努力和过去获得报酬的比值进行比较，称为纵向比较，只有相等时，他才会认为是公平的。

3. 行为改造型激励理论

行为改造型激励理论以如何改造和转化人的行为为研究对象，研究如何对行为进行后续激励，激励的目的是改正和修正人的行为，其代表理论有强化理论、归因理论和挫折理论。

强化理论（Rein Forcement Theory）是由美国著名心理学家和行为科学家斯金纳（Burrhus Frederic Skinner）等提出的一种理论，也称为操作条件反射理论或行为修正理论，是行为改造型激励理论中最具代表性的理论。强化理论的核心就是"强化"。所谓强化，在心理学上，是指增强某种刺激与有机体某种反应之间的联系；在管理学上，是指行为与影响行为的因素之间的关系，通过不断改变环境的刺激因素以达到增强、减弱或消除某种行为的过程。根据强化的性质和目的，可以将强化分为正强化和负强化。正强化就是奖励那些组织需要的行为，从而加强这类行为，正强化的方法包括表扬、奖金、提升、安排有挑战性的工作、给予学习和成长的机会等；负强化就是告知人们哪些行为是不可取的，如果做了的话就会受到什么惩罚，从而削弱这类行为，负强化的方法包括批评、降级、处分等。

归因理论（Attribution theory）是在美国心理学家海德（Fritz Heider）在社会认知理论和人际管理理论基础上提出的，此后，维纳、凯利、琼斯和戴维斯等学者进步发展了该理论。归因理论是为了说明和分析人们行为的原因，对行为的环境加以解释、控制和预测，对行为过程所进行的因果解释和推论，也被称为认知理论。人们对行为的归因分为内因、外因和综合因素。其中，内因表示把某种行为或结果归因为个人自身原因，如身体状况、情绪、态度、能力、人格等；外因表示归因为自身以外的环境原因，如外界压力、情景、人际关系、天气等；综合因素表示归因于主观和客观两方面的原因，既包含内因也包含外因，例如，对某一种行为既归因于自身的原因，也归因于外部环境原因。

挫折理论由美国学者亚当斯提出。挫折理论主要解释人的行为受阻或需求不能满足时的心理状态，并由此导致的行为表现，并力求采取措施将消极性转换为积极性的理论。使人产生挫折心理有三个必备条件，分别为个人对目标的强烈期望、个人认为目标有可能达成和在实现目标与现实中存在着难以克服的障碍。挫折具有两重性，它可能是坏事，也可能是好事。挫折可以使人失望、痛苦、悲伤心理，个人会采取消极态度，甚至是对抗态度；挫折也可以使人受益，从挫折中接受经验教训，磨炼人的意志，激发人的潜能，以积极的态度面对挫折。

（二）经济激励理论

20世纪初，经济学家越来越关注如何提高企业内部管理效率、提升企业中员工积极性的激励问题，认识到激励的重要性。经济激励理论以经济人假设为基础，在信息不完全的条件下，运用逻辑推理和数学模型，以委托人和代理人追求利润最大化为模型进行激励理论研究。

经济人假设最早由英国经济学家亚当·斯密（Adam Smith）提出，经济人假设认为，人的行为动机在于经济利益，人都希望通过以尽可能少的付出获得尽可能多的经济利益。经济人假设的市场环境是完全竞争的，市场信息是完全透明的，但在现实的经济活动中，实际情况并非如此，一是很难有一个完全竞争的市场；二是由于市场竞争的不完全及个人收集信息的局限性导致信息的不完全。

伯利和米恩斯在1932年提出委托—代理理论后，很多学者将该理论运用于激励问题的研究，形成了委托—代理激励理论。为解决委托—代理产生的信息不对称、道德风险、逆向选择等问题，学者提出了委托人对代理人直接监督、代理人承担全部风险并享有全部剩余索取权、委托人和代理人之间按照契约对剩余索取权进行分配三种激励方式，由于无法完全消除代理成本，以及委托人追求利益最大化，前两种方式很难存在，绝大多数公司采取第三种激励方式，并分别与公司的经营绩效挂钩。

此外，法玛（Fama，1980）提出了声誉问题。他认为，在竞争的市场环境下，经理人的市场价值取决于其过去的经营业绩，经理人必须对自己过去和现在的行为负责，即使没有显著的激励措施，经理人也会积极地工作，以便改进他在经理人市场上的声誉，提升自己未来的收入。克雷普斯（Kreps，1982）、罗伯茨（Roberts，1982）等基于法玛的声誉思想，提出了代理人市场声誉模型，充实了委托—代理激励理论的内容。

基于激励理论，无论是从源于心理学的管理激励理论，还是从源于经济学的经济激励理论来看，股权激励不失为一种有效的激励制度。从管理激励角度来看，股权激励通过让经理人和核心技术人员拥有公司的股份，成为公司的所有者，让他们实现了自我实现的需求，增强了归属感；激励中目标条件的设计和达成，体现了管理激励中的目标导向思想；通过实施与同行业、同地区一致的激励制度，也让员工感受到了公平；通过对达成业绩目标一致的激励，也起到了正强化的激励作用。从经济激励角度来看，股权激励让经理人和核心技术人员分享了企业的剩余索取权，缓解了委托—代理问题，通过少部分人享受到这一激励措施，也起到了声誉激励的作用。

基于上述分析，可知正是由于两权分离、委托—代理关系的存在，以及人力资本的日益重要，公司治理中才需要更加重视代理人的参与，以及对代理人进行更有效的监督和激励。其中，激励尤其重要，无论是管理学中基于人的心理行为的激励，还是经济学中基于理性经济人的激励，公司治理中激励制度的建立都需要与他们紧密结合，才能达到更好的激励效果。

第四节 创新及组织控制理论

一 创新理论

创新（Innovation）一词最早由美籍奥地利经济学家熊彼特（Joseph A. Schumpeter）提出，他在 1912 年的成名作《经济发展理论》（*The Theory of Economic Development*）[①] 一书中首次使用了"创新"一词，并提出了"创新理论"。熊彼特认为，创新就是建立一种新的生产函数，将新的生产要素和生产条件的新组合引入生产体系，即"生产要素的重新组合"。随后，他在《经济周期》《资本主义、社会主义和民主主义》等著作中对创新理论进行了补充和完善。熊彼特提出的创新主要包括如下五种类型：一是开发一种新的产品或者改良产品的质量，即开发市场上从未出现过的产品，或者赋予了产品一种新的特性；二是引入一种新的生产方法，主要体现在新的工艺过程或新的生产组织形式，或是对原有生产方法的一种改进；三是开辟一个新的市场，即发现新的市场，例如，从国内市场拓展到国际市场；四是获得一种新的原材料或半成品的供给来源；五是引入一种新的组织形式即组织创新，改变企业的组织结构或变革资产形态。

熊彼特在《经济发展理论》中也认为，静态经济的本质是循环流转，而动态经济则是通过引入企业家和信贷实现经济的发展。这样一种非均衡发展是"创造性破坏"，而"创造性破坏"主要是由于企业家结合信贷的创新引起的。正是创新引起了产业突变，使经济向前发展，即创新活动构成经济发展的本质特征，离开创新，就没有经济发展。创新活动构成经济制度内部自发的动力，企业家构成企业创新活动的主体，企业家的创新活动构成企业家利润的源泉。按照循环流假设，在原始循环流均衡状态下，企业家获得的只是管理工资而不是利润。当企业家创新活动打破原有的循环流均衡态，企业的总收入超出总支出，超出的剩余部分构成企业家利润，利润是企业家创新活动的合理回报。熊彼特提出的创新理论将技术与经济相结合，阐明了经济发展的规律。

[①] 熊彼特：《经济发展理论》，孔伟艳等编译，北京出版社 2008 年版，第 37—43 页。

熊彼特的创新理论提出后，沉寂了相当长的一段时间，并没有得到社会各界的广泛关注。直到20世纪50年代，许多国家的经济出现了近20年的高速增长，经济的增长和科学技术的飞速发展引起了社会各界的关注，很多学者开始对创新理论进行研究，这些研究既丰富了创新的定义，也对熊彼特的创新理论进行了继承和发展。

在创新的定义方面，国外学者索洛、伊诺斯、美国国家科学基金会（Nation Science Foundation of U. S. A，NSF）、厄特巴克、弗里曼、缪尔塞、林恩等都从不同角度对创新进行了定义。如索洛认为，技术创新必须满足两个条件，即新思想的来源及以后阶段的实现；伊诺斯认为，技术创新是几种行为综合的结果，这些行为包括发明的选择、资本投入保证、组织建立、制订计划、招用工人和开辟市场等；美国国家科学基金会认为，创新是将新的或改进的产品、过程或服务引入市场，并提出创新包括两种类型，即特定的重大技术创新和有代表性的普遍意义上的技术变革。我国学者在20世纪80年代以后也对创新理论展开了深入的研究。如傅家骥（1998）将技术创新定义为：企业家抓住市场的潜在盈利机会，以获取商业利益为目标，重新组织生产条件和要素，建立起效能更强、效率更高和费用更低的生产经营方法，从而推出新的产品、新的生产（工艺）方法，开辟新的市场，获得新的原材料或半成品供给来源或建立企业新的组织，它包括科技、组织、商业和金融等一系列活动的综合过程；冯之浚（1999）认为，创新是一个从思想的产生，到产品设计、试制、生产、营销和市场化的一系列的活动，也是知识的创造、转换和应用的过程，其实质是新技术的产生和应用。

在对熊彼特创新理论的继承和发展方面，其理论中的"创造性破坏""企业家精神"等至今仍具有深远的影响。德鲁克1985年在其出版的《创新与企业家精神》[①]一书中对熊彼特的理论进行了发展，他认为，熊彼特关注了企业家及其对经济的影响力。德鲁克认为，企业家的工作就是"创造性破坏"，企业家总是寻找变化，对它做出反应，并将它视为一种机遇加以利用。德鲁克也认为，凡是能改革已有资源创造财富潜力的行为就是创新行为；创新是改变资源的产出，改变资源给予消

---

① 彼得·德鲁克：《创新与企业家精神》，蔡文燕译，机械工业出版社2007年版，第27—35页。

费者价值和满足；创新就是创造出新颖、与众不同的价值和满意度，试图将"一种物质"转换为一种"资源"，或将已有资源组成新颖、生产力更大的结构。

随着研究的发展，可以将创新理论划分为新古典学派、新熊彼特学派、制度创新学派和国家创新系统学派。①② 各个学派研究的侧重点不相同，但都从不同角度对创新理论的运用以及相关政策的制定产生了重要影响。新古典学派中，其代表人物为1976年诺贝尔经济学奖获得者罗伯特·索洛。他运用新古典生产函数原理，认为经济增长率依赖于劳动和资本的产出弹性、劳动和资本的增长率以及随时间变化的技术创新，即经济增长来源于要素数量增长及要素技术水平提高。新古典学派将技术创新的过程看作"黑箱"，着重于技术创新对经济增长的作用以及市场失效时政府干预对技术创新的作用。新熊彼特学派中，其代表人物有莫尔顿·卡曼、爱德温·曼斯菲尔德等。与新古典学派将技术创新过程看作"黑箱"不同，新熊彼特学派着重对技术创新内部运作机制的研究，建立不同的模型着重于揭示技术创新的过程、原因、动力及影响因素等。制度创新学派的代表人物为美国经济学家兰斯·戴维斯和道格拉斯·诺斯等，他们认为，"制度创新"是指经济的组织形式或经营的管理方式的革新。制度经济学派强调制度环境特别是产权制度对技术创新的重要影响。国家创新系统学派的代表人物有英国经济学家克里斯托夫·弗里曼和美国经济学家理查德·纳尔逊等，国家制度系统学派认为，技术创新与国家创新系统密切相关，强调国家创新系统对技术创新的推动作用。国家创新系统涵盖了与技术创新相关联的各个行为主体、运行机制及关系网络，国家制度的安排对创新资源配置、引导和激励创新具有重要作用。

从创新的角度来看，技术创新的成果可以转化为生产力，为企业和个人获得更多的潜在利润提供了可能，但是，由于创新的投入大、周期长、风险高，这些都严重地制约着公司管理者进行创新。因此，如何建立有效的激励约束机制，发挥管理者的潜能，激励管理者进行创新是非

---

① 余志良、谢洪明：《技术创新政策理论的研究评述》，《科学管理研究》2003年第12期

② 张凤海、侯铁珊：《技术创新理论述评》，《东北大学学报》（社会科学版）2008年第3期。

常重要的。股权激励作为一种长期的激励机制，可以将管理者的利益与公司业绩捆绑在一起，使管理者更有动力进行技术创新，保证企业的持续发展，并获得个人利润。

二 组织控制理论

奥沙利文（O'Sullivan，2000）[①] 以创新经济学为基础，并基于创新活动的特征，建立了支持企业创新活动的组织控制理论。奥沙利文认为，创新的特征具有累积性、集体性和不确定性。累积性是指创新过程是一个知识积累的过程，新产品、新技术是在不断累积的基础上形成的；集体性是指创新过程是一个集体共同交流、探讨、结合形成新知识的过程；不确定性是指创新中面临着生产、市场、竞争的不确定性，从而创新活动可能失败，难以收回成本并获得回报。

基于创新的累积性、集体性和不确定性特征，意味着推动公司创新的资源配置具有开发性、组织性和战略性。由于创新的累积性，需要在原有知识的基础上不断进行开发，为持续的创新积累知识；由于创新的集体性，需要资源的组织，将物质资源与人力资源进行合理整合和配置；由于创新的不确定性，需要战略性，决策将资源配置到哪些不确定性的项目，以及如何应对对未来的市场变化和技术变革。

在此基础上，为支撑公司的创新行为，公司机制需要满足财务承诺、组织整合和内部人控制。由于创新开发需要投入大量的资金，财务承诺能够保证组织创新获得足够的资金支持，使公司的资源能够配置到组织学习及创新开发活动中；由于创新是集体性的、组织性的，组织整合制度通过对创新活动参与者的激励，对人力资源进行整合，以促进技术的开发并实现组织的目标；由于创新的不确定性和战略性，需要内部人进行控制，并确保公司创新行为的决策者拥有公司资源的配置权和收益的控制权。从这个角度看，为实现创新，对参与者的激励，以及确保公司创新行为的推动者手中拥有公司资源的配置权和收益的控制权，将是十分关键的因素。

组织控制理论是在创新经济学基础上的进一步发展，并从公司治理的角度构建促进企业创新的组织支持和控制框架。传统创新经济学对不

[①] O'Sullivan, M., "The Innovative Enterprise and Corporate Governance", *Cambridge Journal of Economics*, Vol. 24, No. 2, 2000, pp. 393 – 416.

同企业在相同的环境中出现的创新差异难以解释,而组织控制理论从组织内部角度做出了很好的回答。从组织控制角度来看,股权激励作为一种凸性报酬制度,实现了对创新参与者的激励。另外,通过行权或限制性股票的解锁让参与者拥有公司资源的配置权和收益的控制权,从而有利于组织创新目标的达成。

第三章 股权激励、风险承担及创新绩效的作用机理

第一节 股权激励及创新的制度背景

一 股权激励的制度背景

我国的股权激励起步较晚。随着我国市场经济的发展、技术创新及证券市场的不断完善，直到20世纪90年代初期，股权激励这一国外流行且有效的激励方式才逐渐引起我国的关注。但是，由于处于摸索阶段，制度上不完善，从而历经了批准、叫停、小范围试点等过程。

最初，1992年5月，国家体改委、国家计委、财政部、中国人民银行、国务院生产办联合印发的《股份制企业试点办法》和国家体改委印发的《股份有限公司规范意见》首次提出了股份制企业"内部职工股"这一概念，并规定定向募集公司内部职工认购的股份，不得超过公司股份总额的20%。但是，在随后出现的股份制热潮中，出现了超范围、超比例发行内部职工股、非法交易等不规范行为，为此，国家体改委于1993年7月和1994年6月颁布相关文件，对内部职工股进行了清理和叫停。随后，出现了内部职工股的另一种形式——公司职工股，但是，由于在执行过程中出现的各种问题，中国证券业监督管理委员会于1998年11月颁布《关于停止发行公司职工股的通知》，叫停了公司职工股的发行。

20世纪90年代后期，随着对股权激励重要性认识的进一步深入，部分地区开始了一些类似现行股权激励形式的小范围试点，也陆续出台了相关试点政策。如北京、上海、天津、武汉等地开展了一些试点，武汉将经营者年薪分为基薪收入、风险收入和年功收入，其中风险收入的

70%为股票；上海贝岭试行了虚拟股票期权计划。在相关政策上，国务院颁布的《关于加强技术创新、发展高科技、实现产业化的决定》提出，"允许民营科技企业采用股份期权等形式，调动有创新能力的科技人才或经营管理人才的积极性"。随后党的十五届四中全会、劳动和社会保障部、第九届全国人民代表大会第四次会议通过的决定、发布的通知都提到了试行年薪制、股权制和期权制，2002年5月中共中央办公厅、国务院办公室印发的《2002—2005年全国人才队伍建设规划纲要》中提出了试行企业高层管理人员年薪制、股权制和期权制。对国有高新技术企业，财政部、科技部及国资委也都发布了相应的股权激励试点工作的意见。

2005年之前的股权激励摸索，为我国实施股权激励实践发现了问题，积累了经验；随后出台的一些试点政策，虽然由于没有统一、正式、规范的指导意见，政策法规也不健全，导致股权激励还处在小范围探索阶段，但也为后续推广和应用奠定了相应的政策基础。2005年进行的股权分置改革为股权激励的正式推行带来了契机，随着2006年《上市公司股权激励管理办法（试行）》的颁布，以及股权激励配套的各项法律法规的逐步完善，我国开始了真正意义上的正式股权激励的实践，在企业的实施也进入了快速发展阶段。

2005年4月，中国证券业监督管理委员会发布了《关于上市公司股权分置改革试点有关问题的通知》，启动上市公司股权分置改革试点工作。2005年5月，三一重工率先发布了《董事会关于公司股权分置改革试点的决议》，成为首家实施股权分置改革的上市公司，标志着我国股权分置改革正式进入实施阶段。2005年8月，中国证券业监督管理委员会发布了《关于上市公司股权分置改革的指导意见》，明确提出了"完成股权分置改革的上市公司优先安排再融资，可以实施管理层股权激励，同时改革再融资监管方式，提高再融资效率"，为股权激励给出了指导意见。

2005年10月，新修订通过的《中华人民共和国公司法》和《中华人民共和国证券法》明确规定，上市公司可以回购本公司的股份用于股权激励，并在公司资本制度、回购公司股票、股票来源、管理层任职期间转让股票等方面提供了重要的政策支持，消除了上市公司实施股权激励的法律障碍。

2006年1月，中国证券业监督管理委员会发布的《上市公司股权激励管理办法（试行）》开始正式实施，该办法对上市公司股权激励的实施做出了详细的规定，说明我国的股权激励政策在政策和法律层面上获得了认可，我国上市公司股权激励的实施也进入了一个新时期。

2006年1月，国资委、财政部下发了《国有控股上市公司（境外）实施股权激励试行办法》，该办法为指导国有控股上市公司（境外）依法实施股权激励，建立中长期激励机制提供了法律依据。同年9月，国资委、财政部联合下发了《国有控股上市公司（境内）实施股权激励试行办法》，该办法为指导国有控股上市公司（境内）规范实施股权激励制度，建立健全激励与约束相结合的中长期激励机制，进一步完善公司法人治理结构，充分调动上市公司高层管理者和科技人员的积极性、创造性，规范上市公司拟订和实施股权激励计划提供了法律依据。

随着股权激励的实施，为进一步规范上市公司的股权激励，2008年3月、5月、9月，中国证券业监督管理委员会陆续出台了《股权激励有关事项备忘录1号》《股权激励有关事项备忘录2号》和《股权激励有关事项备忘录3号》，对授予对象、授予价格、行权指标设定、推出股权激励计划的时间间隔、股份来源、计划的变更与撤销、会计处理、行权或解锁条件等方面做了规定，进一步完善了股权激励制度。

2009年1月，财政部和国家税务总局发布了《关于股票增值权所得和限制性股票所得征收个人所得税有关问题的通知》，规定对于个人从上市公司（含境内、外上市公司，下同）取得的股票增值权所得和限制性股票所得需要征收个人所得税。2009年5月，财政部和国家税务总局发布了《关于上市公司高管股票期权所得缴纳个人所得税有关问题的通知》，明确了上市公司高层管理者取得股票期权所得，应按照相关规定，计算个人所得税应纳税额。上述两个通知从个人所得税方面对股权激励的实施进行了完善。

随后，各个国家自主创新示范区也积极开展了股权激励试点。如中关村、东湖高新和上海张江三个高新区在获批国家自主创新示范区后，分别于2010年2月、2010年8月、2014年2月发布了《自主创新区企业股权和分红激励实施办法》，为区内企业实施股权和分红激励提供指引。

2015年12月，在股权激励在我国上市公司推行达十年之久后，为进一步促进上市公司建立健全激励与约束机制，中国证券业监督管理委员会发布了《上市公司股权激励管理办法（征求意见稿）》。

二 创新的制度背景

随着科学技术水平的飞速发展，创新也逐渐提升到了国家高度。1999年8月，国务院颁布的《关于加强技术创新、发展高科技、实现产业化的决定》首先说明了创新的重要性，指出创新是一个民族进步的灵魂"，并对技术创新的概念进行了明确定义："技术创新，是指企业应用创新的知识和新技术、新工艺，采用新的生产方式和经营管理模式，提高产品质量，开发生产新的产品，提供新的服务，占据市场并实现市场价值。企业是技术创新的主体。技术创新是发展高科技、实现产业化的重要前提。"

2005年10月，党的十六届五中全会明确提出了"增强自主创新能力，建设创新型国家"的重大战略；2006年，国务院发布了《国家中长期科学和技术发展规划纲要（2006—2020年）》，强调要把提高自主创新能力摆在全部科技工作的突出位置。

2012年11月，党的十八大报告提出了"实施创新驱动发展战略"，并指出，必须将科技创新摆在国家发展全局的核心位置，坚持走中国特色的自主创新道路。2015年6月，国务院发布了《关于大力推进"大众创业、万众创新"若干政策措施的意见》，明确了支持创新创业的政策措施。

2016年3月公布的《国民经济和社会发展第十三个五年规划纲要（草案）》提出，把发展基点放在创新上，以科技创新为核心，以人才发展为支撑，推动科技创新与"大众创业、万众创新"有机结合，塑造更多依靠创新驱动、更多发挥先发优势的引领性发展。

第二节 经理人的风险规避行为及股权激励对风险承担的影响

一 经理人的风险规避行为

代理理论认为，股东是风险中性的，经理人是风险规避的。经理人的风险规避动机主要有以下四个方面的原因。

第一，股东与经理人财富配置不同。股东财富可以通过多元化投资来分散公司特有风险，从而在投资决策中不用考虑风险大小。而经理人的人力资本投资于所属公司，与公司业绩和命运紧密地联系在一起，未能通过多元化投资分散风险，如果高风险投资项目失败，经理人将遭受较大损失。因此，经理人可能放弃高风险但净现值为正的项目以保证自身职业和财产安全，从而导致投资不足。股东与管理层风险偏好不一致也导致他们之间的利益冲突，即经理人不按股东利益行事，而更多地考虑自身利益进行决策。

第二，出于个人私利考虑，经理人更愿意控制企业更多的现金流和资源。而进行风险性项目的投资，会占用经理人可利用的现金流和资源。约翰等（John et al., 2008）认为，经理人为了追求控制权收益，会选择牺牲股东价值，利用公司资源为自己谋利，从而放弃风险较高但净现值为正的项目。

第三，从职业生涯关注的角度考虑，经理人也不愿意冒险。在竞争激烈的经理人市场，一方面经理人需要考虑自身被解雇的风险，另一方面也需要有良好的职业声誉，以便未来更好地发展。Chakaborty 等（2007）认为，经理人会从雇用风险的角度考虑投资决策。Kempf 等（2009）研究表明，经理人会权衡雇用风险与薪酬从而选择自身的风险承担水平。在股东决定是否解聘或雇用经理人，只能通过显性的因素如企业业绩考察经理人的努力程度和能力时，经理人为证明自己从而也不会选择风险较大的项目，以免项目失败而造成不利影响。因此，经理人会放弃净现值为正但风险较大的项目，避免因从事该项目而遭受损失，使自己的职业声誉受损。

第四，代理理论认为，经理人存在偷懒等机会主义行为。若选择风险较大的项目，为了更好地控制和管理该项目，经理人需要学习新的技术、方法和理念，需要花费较大的努力，投入较大的精力和时间，因此，从这个角度来看，在同等报酬下，经理人偷懒的动机高于努力投入的动机，也倾向于风险规避。

二 股权激励对风险承担的作用

根据委托—代理理论，委托人的财富来源于代理人的努力，但是，由于信息不对称的存在，委托人无法观察到代理人的行为，且由于作为经济人的委托人与代理人的利益不一致和契约的不完备，无法有效地约束代理人按委托人的利益行事。上文分析也表明，委托人（股东）和代理人（经理人）的风险偏好不一致，风险中性的股东可能更喜欢公司经理人从事所有净现值为正且增加公司价值的项目而不考虑他们的风险，但是，风险规避的经理人更喜欢从事低风险净现值为正的项目，这样，舍弃了一些净现值为正但高风险的项目，而这些项目正是股东愿意从事的。解决这些问题的关键途径之一就是设计合理有效的报酬激励契约。

史密斯和斯图尔兹（Smith and Stulz，1985）[1]以及斯图尔兹（1984）[2]通过两步法将经理人效用与股票波动相联系，从而分析了报酬合同如何增加经理人的风险承担，减少经理人的风险规避程度。其分析中，第一步，将经理人效用与经理人财富波动相联系；第二步，将经理人财富与股票波动相联系。导致经理人减少风险的第一个动机与第一步相联系，反映了经理人的风险规避。因为风险规避的经理人的效用与财富之间是凹函数，财富的波动将与股票价格导致的风险溢价正相关。导致经理人增加风险的第二个动机，来源于第二步相关的股票波动与股票价格敏感的财富之间的凸函数。第二步的凸函数与第一期由于风险规避产生的凹函数相反，并且如果足够强烈会影响凹函数的效应。第二阶段的凸函数类似于期权——基于权益的财富产生特征。即经理人是风险规避的，其效用函数是凹函数，效用随着财富的增加而递减；而基于权益的薪酬将经理人报酬与股票价格波动相联系，是凸函数，从而能增加经理人的风险承担，且作用足够大时，能弥补效用函数凹函数的影响。因此，史密斯和斯图尔兹（1985）认为，如果没有恰当的激励，经理人并不一定会按照股东财富最大化进行决策。经理人的补偿合同必须被设计成经理人的期望效用与公司价值同方向变化的形式。而由于其报酬结构是公司股票回报波动的增函数，类似期权基于权益的薪酬提供了风险承担激励。大量文献也认识到股票价值与经理人财富的这种凸性关系以及这种关系的斜率，应该被设计到报酬契约中以促使经理人做出最优的投资和融资决策（Guay，1999）。

---

[1] Smith, C., Stulz, R., "The Determinants of Firms' Heading Policies", *Journal of Financial and Quantitative Analysis*, Vol. 28, 1985, pp. 391–405.

[2] Stulz, R., "Optimal Hedging Policies", *Journal of Financial and Quantitative Analysis*, Vol. 19, 1984, pp. 127–140.

现阶段，我国实施的股权激励中的期权薪酬，也是将经理人报酬与股东财富协调一致的凸性报酬结构。根据以下期权定价公式可知，其价值随着股票价格和股票回报波动的增加而增加，从而具有提升了股份价格和股票价格波动的功能。因此，经理人期权的使用不仅将经理人与股东财富更直接地联系在一起，也导致了经理人更多的风险承担。Haugen 和 Senbet（1981）认为，期权薪酬不仅减少了代理问题，而且也提供了让经理选择更多风险投资项目的动机。即虽然经理人具有风险规避和不能多样化分散风险，但是，由于其自身的财富与公司价值紧密地联系在一起，不会拒绝净现值为正但风险较高且具有提升股价功能的项目；期权的预期报酬随着股票回报的潜在增加而增加，授予风险规避的经理人股票期权也将鼓励他们采取风险项目。经理人股票期权提供的财富业绩关系的凸性越大，就越能有效地抑制经理人规避风险的行为。而对于限制性股票，其报酬结构是线性的，虽然由于行为代理理论有风险规避的倾向，但随着比例的增加，由于利益协同效应，其价值会随着股票价格的增加而增加，而采取风险项目能够提升其股价进而提升其收益，从而价值增加型的风险承担行为也会增加。因此，我国现阶段实施的股权激励会影响到企业的风险承担水平。其计算公式为：

$$C = Se^{-dT}N(Z) - Ke^{-rT}N(Z - \sigma\sqrt{T}) \tag{3-1}$$

$$Z = \frac{\ln\left(\frac{S}{K}\right) + \left(r - d + \frac{\sigma^2}{2}\right)T}{\sigma\sqrt{T}} \tag{3-2}$$

其中，S 为上一年度末最后一个交易日公司股票价格的收盘价；K 为股票期权的行权价格；T 为期权的存续期；r 为无风险利率；d 为股票分红率；σ 为股票年化波动率（国内文献中，一般将 Z 设为 d_1，$Z - \sigma\sqrt{T}$ 设为 d_2）。

第三节 风险承担对创新绩效的作用机理

一 创新需要风险承担

创新是引领发展的第一动力。为了在激烈的市场竞争中立于不败之地，企业越来越重视创新，从创新中获得独特的技术和产品，创造出具有企业特性的、不易模仿的专业知识和信息，从而提高核心竞争力。Chang 等（2015）认为，创新是十分重要的公司策略，能够促进长期的增长和增加公司的竞争力。但无论是实务界（如阿里巴巴集团董事局主席马云）还是理论界（如 Durnev et al., 2004），都认为创新具有巨大风险。Holmstorm（1989）也指出，不像常规有形资产的投资，由于变化的不可预期的情况，公司创新有很大的失败的可能性。

创新的风险性主要是基于以下几个方面：

第一，基于创新理论和不确定性与风险理论的考察，可知创新具有很大的不确定性。创新过程中需要投入大量的人力、物力，研发周期比较长，取得有创新性的成果难度也比较高。即使进行了较大的投入和开发，项目成功或失败的可能性并存。而创新中的组织变革、引入新的管理工具或流程，存在较长的适应期，以及是否符合企业的实际情况、能否起到相应的管理效益也存在不确定性。此外，政策制度环境、人才流动及技能的不确定性，也让创新面临着较大风险。

这种不确定性既包括技术上的不确定性，也包括市场前景的不确定性。技术的不成熟、技术寿命的缩短、新技术研发的难度等都会造成技术的不确定性[①]，从而让企业面临成本的损失及失败的风险。市场的不确定性主要是市场瞬息万变、市场前景预测的不准确性以及模仿的存在等，让创新无利可图并面临着替代、激烈竞争的风险。创新成果是否具有市场应用前景、能否取得弥补投入成本并取得盈利也具有不确定性。

第二，创新是对未知事物的探索，创新者由于固定思维的存在及对未知新组合的经验缺乏，从而具有较大的风险性。在创新过程中，参与者缺乏对新事物的知识和经验，只能根据以往有限的知识和数据进行估计，但是，由于不确定因素的存在，难以根据以往的数据进行决策，只能通过判断、猜测来解决，从而判断的结果是否符合未来的市场实际情况具有较大的不确定性。其次，创新活动的参与者也会受到固有思维模式和行为习惯的影响，且固有的思维模式和行为习惯很难突破，从而成为创新的障碍。此外，创新组织外部的固有思维也让创新具有较大的不确定性。

---

① 金吾伦编著：《当代西方创新理论新词典》，吉林人民出版社 2001 年版，第 20—21 页。

因此，当企业进行创新时，企业与管理层必然面临较大的风险，需要有一定的风险承担水平，公司的创新水平能力与公司及其高层管理者的风险承担能力和意愿息息相关。Holmstrom（1989）也指出，创新需要风险承担。

二 企业有意愿承担创新的风险

创新虽然有较大风险，但也是高收益项目。因此，基于以下三个方面的考虑，企业有意愿承担创新风险。

第一，创新创造了新的市场和新的需求，能够为企业带来巨大的利益。创新产生突破性的思想和方法，这些思想和方法的应用能创造出新产品，从而开发新的市场，创造新的需求。创新产出的唯一性、难模仿性、垄断性和新颖性，能够保证企业能够获得垄断利润，为企业带来巨大的利益。此外，创新也让企业处于技术的前沿及产业链的前端，能够让企业通过制定标准来影响市场规则，建立企业的产业版图，具有良好的竞争态势，为企业的发展带来革命性的影响。因此，对利益的追求和更快更好的发展使企业愿意承担创新的风险。

第二，激烈的竞争需要企业创新。现有环境的复杂多变，国际化竞争的加剧，不创新将会被市场淘汰，唯有创新，才能保持企业的生命力和核心竞争力。若企业不能创造出新的产品、新的服务，对市场进行预测和判断，那么，久而久之，企业将无利可图，将会面临着破产淘汰的局面。

第三，宏观经济环境以及企业声誉的影响。现有的宏观经济环境创新氛围良好，政府也出台了相关支持创新的扶持政策和激励政策，有相应的奖励制度。企业通过承担创新的风险进行创新后，获得的奖励，既可以提高企业的声誉及市场的影响力，也节约了企业的成本。此外，企业基于自身声誉的考虑，也会选择创新来表明企业与环境的适应性。

三 风险承担水平的高低对创新绩效具有影响

风险承担水平的高低影响着创新绩效。

第一，风险承担水平较高，公司对投资机会的利用更充分，对创新项目的选择和投入就越多，就越不会放弃有创新思想的项目。企业在创新过程中，会出现风险较大且净现值为正的项目，若风险承担水平较低，将会放弃对此类项目的选择和投入，从而影响到创新绩效；反之，当风险承担水平较高时，就会选择这些高风险的项目，提升企业的创新绩效。

第二,风险承担水平较高,就会选择周期长、风险大、技术含量高的创新项目,此类项目也能为企业带来较丰厚的垄断利润。但是,如果公司的风险承担水平较低,将会倾向于一些技术含量低、周期短、风险较小的项目,从而影响到创新绩效的质量。

第三,风险承担水平较高,就越愿意面对创新的各种不确定性,从而提升创新绩效。创新过程中具有种种不确定性,风险承担水平越高,就越愿意面对各种风险,进行突破和创新,从而能提升创新绩效。

因此,从质和量的角度以及克服创新的难度考虑,风险承担水平较高,将有助于创新产出的增加。

第四节 股权激励对风险承担与创新绩效的调节效应

虽然适度的风险承担有助于促进企业创新,进而促进企业发展和经济转型,但对未来的不确定性,经理人可能不愿意冒险,也不愿意让公司承担一定的风险。根据代理理论,代理人可能更加关注自身财富、权力和个人利益的最大化,从而不愿意冒因投资失败而导致个人财富损失、解聘或职业声誉受损的风险,具有风险规避的动机。出于对自身既得利益的此种考虑以及为了占用更多的公司资源,经理人有可能选择保守型的投资策略,即放弃风险较高但净现值为正的投资项目,从而规避风险,影响到企业对创新活动的选择,也对企业的长期发展造成不利影响。研究表明,现代企业制度下的代理问题对企业的创新活动具有重要影响(Lee and O'Nell,2003;O'Connor and Rafferty,2012)。

那么,如何提高经理人的风险承担意愿,进而提升公司的风险承担水平和创新能力及绩效?是否应该考虑影响经理人行为的制度创新与技术创新的协同?李维安、王辉(2003)认为,考虑到企业家的理性追求,创新需要微观制度的建立,因势利导,即公司治理机制的建立和完善可以有效地诱导企业家的创新行为,为中国企业家创新精神的培育提供良好的土壤。徐宁、徐向艺(2013)认为,需要积极探索促进技术创新的制度变革,尤其是支持创新的公司治理制度体系,特别是合理的高层管理者薪酬契约是支持公司高层管理者技术创新动机与行为的重要制度。且对非常具有风险性和不确定性的创新而言，传统基于业绩的薪酬激励在鼓励创新方面是无效的。Manso（2011）的研究、Ederer 和 Manso（2013）实验研究显示，容忍早期失败并对长期成功进行回报的激励机制将导致更好的创新绩效，而对长期成功进行回报并对早期失败容忍是创新成功的关键（Manso，2011）。

显然，作为长期激励制度的股权激励可以满足上述要求，即可以弥补创新的高风险及收益的滞后性，使经理人的收益与创新的收益在时间上趋于一致，克服了经理人的短期行为。股权激励中的股票期权，符合期权的性质，权利和义务非对称，可以依据未来的条件行权或不行权，并且因国内期权授予时，经理人未付出现金等实际费用，即使不行权，其损失也有限（实际上因为未付出成本，也未承担股票下降的风险），而如果股票价格上涨时行权，其收益则无限。因此，股票期权及其报酬结构是非对称的，不仅能够当创新成功及股票价值上涨后以无限的上升潜在收益回报经理人，也可以在当创新失败和股票价格下跌时选择不行权，即不承担下跌损失，从而锁定了风险，保护了经理人。再者，创新项目是长期的、多阶段的、劳动密集的，股票期权有较长的等待期和有效期，为了行权，经理人不得不留在公司直到能够行权。股票期权的延期特征也能有效地让经理人关注公司的长期成功，并且鼓励经理人长期在创新方面投入人力资本（Rajan and Zingales，2000）。此外，如前文所述，股票期权属于凸性支付结构，其将经理人财富与股票回报波动紧密地联系在一起。因此，无论是投资有一定风险但净现值为正的项目提升股价，还是投资更大的风险项目增加股价波动性，都可以提高期权价值，从而激励经理人承担更多创新过程中的风险。

对于股权激励中的限制性股票，虽然其报酬结构是线性的，权利与义务对称，在授予时就需要支付相应的现金购买股票，但是，其购买价格只是当前价格的一半，虽然在达到解锁满足的业绩条件时才可以解锁，但不符合解锁条件时也可以由授予公司回购注销。因此，这种方式可以让经理人享受创新成功价格上涨的无限收益，也可以在创新失败导致股票价值下跌时以有限的损失保护经理人。此外，限制性股票也有一定时间的锁定期和解锁期，可以容忍早期的失败并在长期进行回报，也可以吸引经理人将人力资本长期投入到公司。因此，股权激励制度有助于提升经理人的风险承担意愿,进而提升公司的风险承担水平和创新绩效。

此外,从组织控制角度来看,股权激励让经理人拥有公司的所有权,让经理人按股东的利益行事,从而对企业有了更多的监督和控制。在控制过程中,包括对创新相关的制定和执行的控制,从而有利于有效地整合和配置资源,一方面经理人由于激励会承担相应的风险,另一方面也不会让企业冒很大的风险,可以保证企业更快更好地发展。

第四章　股权激励与风险承担的实证研究

为了促进我国经济高质量发展，既要大力提倡敢于承担风险、开拓创新的企业家精神，也要加强风险管理，预防系统性风险。为此，从两者兼顾的角度分析评价现行的制度是具有重大现实意义的。股权激励制度，作为现代公司治理的一项重要制度，引入我国已有十几年，考察该制度的效果尤其是风险承担的效应也是现阶段探讨的热点。那么，股权激励制度对系统风险、非系统风险的影响如何？不同激励方式的作用如何？将是在现有研究基础上值得进一步探讨的问题。

风险承担即企业承担风险的行为，这种行为是企业对风险所做出的反应，即理性或非理性地主动承担风险。不同的风险承担行为取决于企业经营者对待风险的偏好程度，而风险承担的行为和结果将直接决定企业的收益。科夫和斯莱文（Covin and Slevin，1991）认为，高层管理者的风险承担表现为当面对不确定性的投资决定和策略行为时，风险承担的经理人通常在完全理解必须采取什么样的行为前就抓住了机会，做出了承担。威斯曼和戈格兹—梅加（1998）区分了风险负担（Risk Bearing）和风险承担（Risk Taking），认为风险负担是代理人感知到风险对代理人财富的威胁，这种威胁来自雇用风险或其他风险，对代理人而言，风险是一种负担。风险承担是指代理人基于公司的投资机会对风险投资项目的选择。在财务领域中，除了关注整体的风险，还应关注风险因素影响范围的大小，即系统风险和非系统风险。

股权激励是指上市公司以本公司股票为标的，对公司高层管理者和核心技术人员等实施的中长期激励机制。股权激励通过让经营者拥有一定的股份，让其拥有对公司剩余的索取权，以所有者的身份参与企业决策，分享利润，共担风险，从而将委托人与代理人的利益协调一致，以便有效地缓解委托—代理问题。基于此，股权激励受到了广泛的关注和推广应用。我国自2005年开展股权分置改革后，也于2006年正式引入股权激励制度，并在实施过程中十分重视和关注，既在实施之初就出台了相应的管理办法如《上市公司股权激励管理办法（试行）》，也在 2008 年分别出台了《股权激励有关事项备忘录 1 号》《股权激励有关事项备忘录 2 号》《股权激励有关事项备忘录 3 号》，给予了上市公司实施股权激励制度相应的指导和规范。作为最受瞩目的现代公司治理制度之一，一方面实务界开展了如火如荼的实践；另一方面，理论界也开展了广泛的研究，探讨了实施股权激励制度以来，股权激励制度设计得是否合理有效、是否存在福利或操纵（吕长江等，2009；王中华等，2012）以及股权激励的经济后果，包括上市公司业绩（魏刚，2000；李增泉，2000；顾斌、周立烨，2007；林大庞、苏东蔚，2011；周仁俊、高开娟，2012）、盈余管理（苏东蔚、林大庞，2010）、股利分配（肖淑芳、喻梦颖，2012）、创新等各个方面。上述研究具有广泛性，随着风险承担水平无论对微观企业还是宏观经济的发展都具有的重要影响，研究也逐步深入到对股权激励最重要的经济后果——风险承担的研究。

　　股权激励究竟是导致了经理人的风险承担还是导致了经理人的风险规避，还是两者兼而有之，国外学者对此的研究结果并不一致。一些研究表明，股权激励与风险承担正相关（Rajgopal and Shevlin，2002；Chen，Steiner and Whyte，2006；Brisley，2006；Wright et al.，2007；Ross，2004；Chen and Ma，2011；Bova，Kolev and Zhang，2015）。另一些研究结果则表明，股权激励导致了风险规避（Wiseman and Gomez - Mejia，1998；Larraza - Kintata et al.，2007；Sawers et al.，2011；Baixauli - Soler et al.，2015；Armstrong and Vashishtha，2012）。

　　此外，国外文献也从不同行业角度探讨了股权激励对风险承担的影响（Rajgopal and shevlin，2002；Chen et al.，2006），进一步延伸了探讨股权激励引起的风险承担对业绩的影响（Chen and Ma，2011），以及股权激励增加公司风险承担的途径主要是系统性风险的增加（Armstrong and Vashishtha，2012）。

　　国内文献也涉及了股权激励与风险承担，主要有孙桂琴等（2013）、李小荣和张瑞君（2014）、苏坤（2015）、屠立鹤等（2016）以及王栋和吴德胜（2016）。其中，李小荣和张瑞君（2014）、苏坤（2015）都采用笼统的管理层持股来衡量股权激励，研究管理层持股对风险承担的影响；孙桂琴等（2013）主要通过将 2006—2012 年股权激励计划划分为福利型和激励型，屠立鹤等（2016）将股权激励方案分为高标准型和低标准型，研究不同类型公司的股权激励对风险承担的影响；王栋、吴德胜（2016）主要从高层管理者财富—股票收益波动率敏感性（Vega）角度研究其与公司风险承担水平的影响。现有文献为股权激励与风险承担的关系研究提供了较好的基础，也得出了较值得借鉴和参考的成果。

笔者认为，笼统的管理层持股不能代表真正意义上的股权激励，从实际实施的股权激励计划出发进行研究，将更有说服力和评价意义；股权激励计划除福利型和激励型的划分外，本身就具有股票期权、限制性股票等形式，也涉及不同产权性质的差异；现有文献也没有进一步考虑股权激励对不同风险即系统性风险和非系统性风险的影响，以及通过股权激励，公司承担了哪些风险。此外，我国的股权激励计划与国外的股权激励有着显著的不同，国外与国内的制度环境背景也有着较大的差异，因此，我国实施的股权激励计划对风险承担的影响有待进一步检验。本书的研究将是对现有文献的有益补充，为股权激励制度的实施评价提供更全面的视角，从而为现阶段《上市公司股权激励管理办法（试行）》的修订提供进一步的参考和依据。

第一节　理论分析与研究假设

根据风险规避假说和期望效用理论，代理人（经理人）的效用函数是凹性的，出于个人私利、职业生涯及声誉的关注，相对于委托人（股东）也更不愿意冒险。Kempf等（2009）研究表明，经理人会权衡雇用风险与薪酬，从而选择自身的风险承担水平。在股东决定是否解聘或雇用经理人，只能通过显性的因素如企业业绩考察经理人的努力程度和能力时，经理人为证明自己从而不会选择风险较大的项目，以免项目失败而造成不利影响。可见，委托人和代理人的风险偏好不一致。而风险中性的委托人更喜欢代理人从事所有净现值为正且增加公司价值的项目而不考虑他们的风险，但是，风险规避的代理人更喜欢从事低风险净现值为正的项目，这样，舍弃了一些净现值为正但高风险的项目，而这些项目是委托人愿意从事的。解决这个问题的关键途径之一就是设计合理有效的报酬激励契约。

根据委托—代理理论，由于所有权与控制权的分离，代理人会存在道德风险及偷懒行为和机会主义及逆向选择问题，从而导致委托人（股东）与代理人之间利益不一致。为了降低股权代理问题，有必要引入基于权益的薪酬，将经理人的报酬与公司财富最大化联系起来，激发经理人的主人翁意识与工作热情，从而将股东与经理人的利益协调一致。詹森和梅克林（1976）认为，让管理者成为剩余索取权的拥有者，可以消除或减少代理成本。股权激励制度正是这样一种将剩余索取权与经营权紧密联系的长期激励制度。史密斯和斯图尔兹（1985）认为，如果没有恰当的激励，管理者并不一定按照股东财富最大化进行决策。经理人的补偿合同必须被设计成经理人的期望效用与公司价值同方向变化的形式。而由于其报酬结构是公司股票回报波动的增函数，类似期权基于权益的薪酬提供了风险承担激励。

现阶段，我国实施的股权激励也是将经理人财富与股票价值联系在一起、与股东目标协调一致的报酬结构。从而，一方面，让经理人成为企业的所有者，促使经理人从股东角度出发进行经营决策，选择既增大企业利益也增加自身财富的项目，从而增加了经理人和公司的风险承担水平。另一方面，经理人报酬价值随着股票价格或股票回报波动的增加而增加，从而具有提升股票价格和股票价格波动的功能。为此，股权激励计划的实施不仅将经理人与股东财富更直接地联系在一起，也促使了经理人更多地风险承担，提供了让经理人更多地选择风险投资项目的动机（Haugen and Senbet，1981）。若激励比例越高，幅度越大，就会越让经理人有动机选择有一定风险且净现值为正的项目。据此，提出以下假设：

假设4-1：实施了股权激励计划的公司，股权激励比例越高，激励幅度越大，就越能提高公司的风险承担水平。

我国上市公司实施的股权激励计划中包括股票期权、限制性股票和股票增值权三种不同的激励模式。股票增值权虽然有采用，但授予的份数不多（本书样本中仅有16份是股票增值权），因此，本书不做详细分析，仅主要讨论股票期权和限制性股票两种激励模式。

我国现行的《上市公司股权激励管理办法（试行）》规定，股票期权按一定的条件授予后，等待期满，满足设定的业绩条件后可以行权。

因为股票期权具有期权的性质，此时经理人也可以根据市场情况等选择不行权。股票期权授予时，经理人不需付出任何费用；若不行权，也不会发生现金等支付行为。《上市公司股权激励管理办法（试行）》规定，限制性股票按一定的条件授予后，锁定期满，达到设定的业绩条件后可以解锁。若不符合解锁条件，实际操作中，上市公司可以选择回购。限制性股票与股票期权的主要差异体现在两个方面：一是行权价格规定不同。限制性股票的购买价格只有当时股价的一半，而股权期权的行权价格是草案公布前一个交易日公司标的股票收盘价与前30个交易日内公司标的股票平均收盘价中的较高者。二是限制性股票授予时需要现金支付，而股票期权授予时不涉及现金支付行为。行权价格和现金支付的行为都会影响经理人的财富，从而这两种方式对经理人的激励效应存在一定的差异。

就股票期权而言，其报酬结构为凸性的，股票价格和股票价格的波动都会引起期权价值的变化。安德森等（Anderson et al.，2000）研究显示，股票期权的授予与当年的股票回报显著正相关。即授予经理人股票期权后，无论经理人是选择净现值为正且有风险的项目促进股票价格上涨，还是选择高风险的项目提高股票的波动率，都可以增加经理人的股票期权价值。此外，股票期权的期权性质、权利与义务的非对称性，既让经理人可以在股票上涨时行权获取收益，也可以在股票下跌时选择不行权，且授予期权时经理人未付出现金等费用，即实施风险项目成功可以享受无限收益，失败也不需承担任何损失。这样，股票期权将使经理人更关注股票上涨的可能性，更可能考虑波动增加或风险增加的公司策略。此时，经理人财富随风险增加的策略而提升，即公司风险承担越高，期权所有权的价值就越大。因此，股权期权形式的激励授予比例越高，就越能改变经理人的风险态度，提高公司的风险承担水平。

就限制性股票而言，其报酬结构更为线性，其价值主要随股票价格变化。限制性股票在授予时，需要经理人支付当时股票价格的一半（一般是定价基准日前20个交易日公司股票均价的50%）的购买成本进行锁定，达到解锁条件后才可以解锁。此时，经理人采取净现值为正且风险较大的项目可以增加股票的价值，进而提升限制性股票的价值，但是，如果风险太大的项目失败而导致股票价值下降，限制性股票的价值也会下降。虽然经理人未达到解锁条件不能解锁，上市公司也会按当时的成本价进行回购,但是,由于经理人在授予时支付了现金,因而也遭受了相应的机会成本,不像股票期权未支付现金,也未遭受任何损失。因此,授予经理人限制性股票,其对风险的态度更加谨慎。

史密斯和斯图尔兹(1985)认为,经理人持股增加风险的动机较弱,而减少风险的动机却处于支配地位,其原因是经理人的效用与经理人财富之间为凹函数,经理人财富的波动与股票价格正相关导致了风险溢价,经理人是风险规避的。May(1995)也证实了这一点,即持有股票的经理人进行了风险减少的并购活动。为此,当授予的限制性股票在一定范围内时,经理人的风险规避行为占主导地位。同时,依据行为代理理论,股权激励薪酬由于将经理人的财富处于风险之中,不仅不会增加经理人的风险承担,反而会导致风险规避。特别是对于内在价值为正的股权薪酬,由于可预见的收益,为了避免现有财富的损失,经理人更不愿意冒险。而不同于股票期权多是价外或平价期权,限制性股票由于其解锁价格只有草案公布日股票价格的一半,属于价内,其可预见的收益也让经理人没有动力去冒险。虽然限制性股票规定有一定的解锁条件,但即使未达到解锁条件不能解锁,上市公司也会按照当时的成本价进行回购,这进一步减少了持有限制性股票的经理人选择较大风险项目的动力。但授予经理人限制性股票也具有利益协同相应。特别是随着经理人持有的限制性股票比例的上升,超过了一定的范围,经理人进一步认识到自身的所有者身份,从而让经理人以所有者的身份进行决策,经理人的利益更加与股东利益一致,会选择有一定风险且净现值为正的项目,从而增加了公司的风险承担水平,提升了公司价值,也提高了经理人持有的限制性股票的价值。因此,当经理人持有的限制性股票在一定比例范围内,持股将减少公司的风险承担水平;当持有的限制性股票比例超过一定的程度时,持股将增加公司的风险承担水平。据此,提出以下假设:

假设4-2-1:授予的股票期权比例越高,就越能提高公司的风险承担水平。

假设4-2-2:授予的限制性股票与公司风险承担存在"U"形关系,即在一定范围内,授予的限制性股票比例越高,就越能减少风险承担水平;超过一定程度后,授予的限制性股票比例越高,就越能增加风险承担水平。

非国有企业与国有企业在面对企业风险和股权激励计划的态度方面存在较大差异。在股权激励计划方面，本身股权激励通过授予股权使经理人分享企业剩余利润，就涉及产权分割问题。国有控股公司进行股权激励涉及国有产权的处理，因此，在审批和实施环节都十分谨慎。刘华、郑军（2012）对东湖高新区实施股权激励的情况调查后发现，作为产权主体的国资委和部委都不会轻易以国家拥有的股权进行相应的激励。而民营企业机制则更灵活，受政府干预少，薪酬机制也更符合市场规则，因此，愿意采用股权激励，吸引和留住人才。再者，国有企业由于所有者缺位，内部人控制严重，制定和实施股权激励的监督成本较高。并且国有企业隐性的在职消费风险更小，受到监督更少，对于高层管理者而言，是一种低风险且具有较大弹性的自我激励方式。民营企业则更有动机通过股权激励来降低股东与高层管理者之间的代理成本。因此，国有企业与非国有企业在实施股权激励计划的意愿方面存在较大差异，即相对于国有企业，非国有企业更意愿和有动机实施股权激励计划。

在面对与创新相关的风险态度方面，国有企业与非国有企业显著不同。国有企业由于具有的背景优势、资源优势和政策优势，足以让其获得较高回报，因此，面临的生存压力较小，寻求高风险、高收益项目的动力不足。再者，国有企业的管理者并非来自完全竞争的经理人市场，更多地源于行政任命。对他们而言，更倾向于任期内企业平稳地经营以便个人政治晋升，而不是冒风险获取较高收益从而让股东获益；从职业生涯关注角度看，前者也更具有吸引力。现有研究也发现，国有企业的管理者更偏向政治人而非经理人（杨瑞龙等，2013）；且国有企业的管理者能否被晋升，与企业规模、企业稳定性相关（薛有志、刘鑫，2014）。因此，国有企业的管理者也不愿意承担较大风险进行创新。此外，国有企业的管理者更多地关注隐性报酬，如政治晋升带来的权力满足、身份荣耀等，以及在职消费，这些都对显性的报酬激励有一定的替代（王烨、盛明泉，2012）。[①] 在此情形下，对国有企业的管理者进行股权激励，其会更多地关注自身职业生涯安全即政治晋升，寻求较低风

[①] 王烨、盛明泉：《国资控股、股权激励计划选择与在职消费替代效应》，第十一届中国实证会计研讨会论文，北京，2012年12月。

险、低收益的项目,从而不愿意冒险。此外,由于在职消费对股权激励的替代作用的存在,股权激励的效应发挥有限。因此,对国有企业的管理者进行股权激励,激励比例越高,反而越不利于企业风险承担。

而非国有企业的经理人则面临更多的市场竞争、解聘压力,对待与创新相关的风险方面也更积极。与国有企业的管理者兼具"经济人"和"政治人"不同,非国有企业的经理人主要来源于经理人市场,更多的是经济人的身份。因此,其对显性报酬更关注,对能够带来较大经济收益的股权激励也更欢迎。此外,由于完全的市场竞争,解聘威胁的存在,让非国有企业的经理人归属感更弱。若对他们进行股权激励,一方面,让他们认同自己的所有者身份,从个人情感上增强了对企业的归属感和责任感,从而更愿意按股东利益行事;另一方面,出于对个人财富收益的追求,也让他们愿意选择有一定风险但具有较高收益的项目。因此,对非国有企业的经理人进行股权激励,有助于提升他们的风险承担水平。

李文贵和余明桂(2012)研究了所有权性质对企业风险承担的影响,研究表明,国有企业具有更低的风险承担水平,当国有企业民营化后,其风险承担水平会显著上升。薛有志、刘鑫(2014)研究了公司所有权性质及控股股东的两权分离度对公司风险承担水平的影响,研究表明,相对于非国有控股公司,国有控股企业明显表现出风险承担不足的特征。解维敏、唐清泉(2013)研究发现,良好的公司治理机制能够激励上市公司的风险承担,私有产权控股对公司风险承担有正向影响。据此,提出以下假设:

假设4-3-1:非国有企业更愿意实施股权激励计划,且授予的激励比例越高,企业的风险承担水平就越高。

假设4-3-2:国有企业实施股权激励计划的意愿有限,且授予的激励比例越高,企业的风险承担水平就越低。

公司的风险可细分为系统风险和非系统风险。Armstrong和Vashishtha(2012)认为,当有系统性风险项目可选择时,授予经理人股票期权,让经理人有动机更多地通过增加公司的系统性风险而不是非系统性风险来增加公司的风险。其主要原因是,系统性风险可以通过市场组合交易对冲风险,实证检验也证实了该预期。但研究同时也发现,经理人股票期权对股价的波动性增加了公司的非系统风险,经理人在选择项目时也面临着风险的权衡,即可能要求经理人增加他们公司的非系统风险，甚至于该风险不能对冲。

那么，我国授予的股权激励计划，对不同风险的影响又如何呢？如果股权激励增加了经理人的风险承担，那么经理人需要选择净现值为正且风险较高的项目，而净现值为正且风险较高的项目更多的是具有非系统风险而不是系统风险。此外，增加系统性风险，很可能并没有增加公司价值。一是寻求系统性风险花费的经理人时间和努力成本并不会增加公司价值。二是在股票市场过度的系统性风险，导致投资者参与减少，降低公司价值。据此，提出以下假设：

假设4-4-1：股权激励与非系统风险正相关。

假设4-4-2：股权激励与系统风险负相关。

第二节 研究设计

一 样本选取及数据来源

现有的研究笼统地采用管理层持股数据进行考察，但事实上，管理层持股不一定是通过股权激励计划途径实现的，还可能是通过管理层收购、管理层购买等方式实现。此外，现有文献的数据时间也不是采用真正意义上的股权激励计划开始实施的时间，真正意义上的股权激励是我国上市公司2005年进行股权分置改革后实施的，关于股权激励的相关法规也是在2006年后才相继出台的。因此，采用2006—2014年的数据进行验证，具有较强的说服力。本书选用的是2006—2014年股权激励计划被授予的样本，若只进行了草案公告而没有授予管理层股权激励计划则不包括在样本范围内。这样选择的原因是，只有真正授予了管理层股权激励计划，才是真正实施了股权激励计划，管理层也才有内在动机进行风险相关的行为，而草案公告后有可能授予管理层股权计划也有可能修订、取消股权激励计划，具有较大的不确定性。

此外，为保持与后文研究样本的一致性，样本中删除了无风险承担数据和创新绩效数据的公司，共得到授予股权激励计划的630个样本。样本中删除了控制变量有缺失值的公司、ST公司。样本数据为混合截面数据。股权激励数据、计算风险承担的股票回报率数据以及控制变量数据都来源于国泰安数据库，所有数据均采用 Excel 和 Stata12.1 方法处理而得。

二 研究变量及其说明

（一）被解释变量

被解释变量为公司风险承担，公司风险承担一般被定义为股票收益的波动，因此，借鉴 Chen 等（2006）、Baixauli-Soler 等（2014）、Bova 等（2015）以及苏坤（2015）的研究方法，本书首先采用常用的股票收益率的波动衡量公司风险承担，即采用年度的日收益标准差（vsd_1）、周收益率标准差（vsd_2）和月收益率标准差（vsd_3）分别衡量公司当年的风险承担水平。其计算公式如下：

$$vsd_{i,j} = \sqrt{\frac{1}{T-1}\sum_{t=1}^{T}\left(r_{i,j,t} - \frac{1}{T}\sum_{t=1}^{T}r_{i,j,t}\right)^2} \qquad (4-1)$$

其中，$r_{i,j,t}$ 为公司 i 在 j 年度内第 t 日（周、月）的收益率。

为进一步探讨对系统性风险和非系统性风险的影响，借鉴 Chen 等（2006）、方红星和陈作华（2015）的研究方法，采用如下模型进行回归计算：

$$r_{i,j,t} = \alpha + \beta_{i,j}R_{m,j,t} + \varepsilon_{i,j,t} \qquad (4-2)$$

通过该公式将公司的总风险分解为系统性风险和非系统性风险。其中，$R_{m,j,t}$ 为综合市场在 j 年度第 t 日的收益率，$\beta_{i,j}$ 值为 i 公司在 j 年度内的系统性风险，$\varepsilon_{i,j,t}$ 的标准差为 i 公司在 j 年度内的非系统风险，α 为常数。

（二）解释变量

为检验上述假设，选取了授予的股权激励占总股本的比例（BL）、不同的股权激励类型（Sty）和不同的所有权性质（State）为解释变量。

此外，借鉴 Bova 等（2015）、李小荣和张瑞君（2014）的研究，本书选择管理费用率（Mer）、营业收入增长率（Sagrowth）、总资产周转率（Assetsturn）、股权制衡度（Shrz）、资产规模的对数（Size）、公司现金流（CF）以及托宾 Q 值（TbQ）作为控制变量。因为本书的数据为混合截面数据，所以，也对行业进行控制。

三 模型设计

$$vsd_{i,j} = \beta_1 BL_{i,j} + \alpha + \varepsilon \qquad (4-3)$$

$$vsd_{i,j} = \beta_1 BL_{i,j} + \beta_2 Mer_{i,j} + \beta_3 Sagrowth_{i,j} + \beta_4 Assetsturn_{i,j} + \beta_5 Shrz_{i,j} +$$

$$\beta_6 Size_{i,j} + \beta_7 CF_{i,j} + \beta_8 TbQ_{i,j} + \sum_{K=1}^{42} \beta_{8+k} Indcd_k + \alpha + \varepsilon \tag{4-4}$$

$$\beta_{i,j} = \beta_1 BL_{i,j} + \beta_2 Mer_{i,j} + \beta_3 Sagrowth_{i,j} + \beta_4 Assetsturn_{i,j} + \beta_5 Shrz_{i,j} +$$

$$\beta_6 Size_{i,j} + \beta_7 CF_{i,j} + \beta_8 TbQ_{i,j} + \sum_{K=1}^{42} \beta_{8+k} Indcd_k + \alpha + \varepsilon \tag{4-5}$$

$$\sigma(\varepsilon_{i,j}) = \beta_1 BL_{i,j} + \beta_2 Mer_{i,j} + \beta_3 Sagrowth_{i,j} + \beta_4 Assetsturn_{i,j} + \beta_5 Shrz_{i,j} +$$

$$\beta_6 Size_{i,j} + \beta_7 CF_{i,j} + \beta_8 TbQ_{i,j} + \sum_{K=1}^{42} \beta_{8+k} Indcd_k + \alpha + \varepsilon \tag{4-6}$$

模型（4-3）和模型（4-4）主要考察授予了股权激励计划的公司其激励比例对风险承担的影响，依次代入日股票收益率标准差、周股票收益率标准差和月股票收益率标准差进行检验。模型（4-3）未加入控制变量，模型（4-4）考虑了控制变量的影响。此外，模型（4-3）和模型（4-4）也分别依据不同的激励计划类型、不同的产权性质进行分组回归检验。此外，据前文的假设，在涉及限制性股票类型时，模型中除了考虑持有的限制性股票比例，还需要进一步考虑持有的限制性股票比例的平方。

模型（4-5）和模型（4-6）主要进一步检验股权激励对系统性风险和非系统风险的影响。有关变量说明如表4-1所示。

表4-1　　　　　　　　　　变量说明

变量类型	变量符号	变量含义	变量取值方法及说明
被解释变量	Rvsd	公司风险承担	日股票收益率标准差
	Zvsd	公司风险承担	周股票收益率标准差
	Yvsd	公司风险承担	月股票收益率标准差
	β	系统性风险	模型回归系数
	$\sigma(\varepsilon_{i,j})$	非系统风险	模型残差标准差
解释变量	BL	授予股权激励的比例	授予的股份数/股本总数
	Sty	授予的股权激励类型	虚拟变量，授予的为股票期权时取0，为限制性股票时取1
	State	产权性质	国有企业取1，非国有企业取0

续表

变量类型	变量符号	变量含义	变量取值方法及说明
控制变量	Mer	管理费用率	管理费用/营业收入
	Sagrowth	营业收入增长率	(本期营业收入－上期营业收入)/上期营业收入
	Assetsturn	总资产周转率	营业收入/平均资产总额
控制变量	Shrz	股权制衡度	第一大股东持股/第二大股东持股
	Size	资产规模	总资产的自然对数
	CF	公司现金流	经营活动产生的现金流量净额/总资产
	TbQ	托宾Q值	市值/资产总计
	$Inded_k$	行业	虚拟变量，属于行业k时取1，否则取0

第三节 实证检验

一 股权激励计划授予概况及描述性统计

（一）上市公司授予股权激励计划的概况

截至 2014 年 12 月 31 日，授予的股权激励计划样本有 630 份，其中，国有企业授予了 55 份，非国有企业（包括外资企业、民营企业和其他企业类型）共 575 份。可见，授予的股权激励计划体现了很强的企业性质。样本中，授予的股票期权计划有 313 份，限制性股票计划 305 份，股票增值权计划 12 份。即股票期权和限制性股票的差异并不大，都比较受企业欢迎。

从实施年度来看，样本中，2006 年度授予的有 8 份，2007 年度授予的有 4 份，2008 年度授予的有 16 份，2009 年度授予的有 9 份，2010 年度授予的有 27 份，2011 年度授予的有 83 份，2012 年度授予的有 132 份，2013 年度授予的有 164 份，2014 年度授予的有 187 份，即上市公司逐步认识到股权激励制度的重要性，授予股权激励计划的份数呈逐年高速增长趋势。

从授予的股权激励计划的行业来看，体现了很强的行业特征。其中，制造业最多，共 522 份，制造业中又以化学原料和化学制品制造业，医药制造业，专业设备制造业，电气机械和器材制造业，计算机、通信和其他电子设备制造业最多，分别有 55 份、52 份、42 份、82 份和 113 份。

制造业的其他类别中，农副食品加工业 7 份，食品制造业 10 份，酒、饮料和精制茶制造业 2 份，纺织业 10 份，纺织服装、服饰业 6 份，皮革、毛皮、羽毛及其制品和制鞋业 2 份，木材加工和木、竹、藤、棕、草制品业 3 份，家具制造业 4 份，造纸和纸制品业 4 家，印刷和记录媒介复制品业 2 份，文教等用品制造业 4 份，石油加工业 3 份，化学纤维制造业 1 份，橡胶和塑料制品业 24 份，非金属矿物制品业 13 份，黑色金融加工业 2 份，有色金属加工业 4 份，金属制品业 15 份，通用设备制造业 22 份，汽车制造业 10 份，铁路、船舶等运输设备制造业 10 份，仪器仪表业 14 份，其他制造业 6 份。

其次是信息传输、软件和信息技术服务业，共 56 份。其中，电信、广播电视和卫星传输服务业共 3 份，互联网和相关服务 3 份，软件和信息技术服务业 50 份。

其他行业中，农林牧渔业中渔业有 2 份；电力、热力、燃气及水生产和供应业共 4 份，其中电力、热力生产和供应业 3 份，燃气生产和供应业 1 份；建筑业共 19 份，其中土木工程建筑业 8 份，建筑装饰和其他建筑业 11 份；批发和零售业中零售业 2 份；金融业中货币金融服务 3 份；房地产业 1 份；科学研究和技术服务业中专业技术服务业 12 份；水利、环境和公共设施管理业 9 份，其中生态保护和环境治理业 7 份，公共设施管理业 2 份。

(二) 描述性统计

1. 各变量描述性统计

基于授予股权激励计划的样本，首先对各变量进行描述性统计。其描述性统计如表 4-2 所示。

表 4-2　　　　　　　　　　描述性统计

变量	样本数	均值	标准差	最小值	最大值
Rvsd	630	0.027486	0.006109	0.01396	0.057328
Zvsd	630	0.058054	0.015879	0.02776	0.135576
Yvsd	630	0.122531	0.041095	0.041182	0.314647
BL	630	1.876832	1.787991	0.00426	10

续表

变量	样本数	均值	标准差	最小值	最大值
Mer	630	0.112864	0.076468	0	0.503172
Sagrowth	630	0.268622	0.293705	-0.43192	2.96564
Assetsturn	630	0.674417	0.360226	0.031843	2.834362
Size	630	9.404352	0.501632	8.636488	12.67504
CF	630	0.050698	0.070379	-0.1733	0.264814
Shrz	630	6.5245	12.36155	1	177.6141
TbQ	630	2.456512	1.568958	0.068381	11.45801

从表4-2可知，我国上市公司每次授予的股权激励计划比例并不高，均值为1.88，不过，也有些公司的授予比例接近了《上市公司股权激励管理办法（试行）》规定的10%上限，各公司授予比例存在较大差异；各公司间周股票收益率标准差、月股票收益率标准差的差异相对较大；管理费用率的均值为0.11，总资产周转率的均值为0.67，即整体而言，总资产周转率稍偏低，管理费用率稍偏高；销售增长率的均值为0.27，表明整体而言，具有较高的成长性，但从标准差、最大值和最小值看，各公司差异较大；经营活动产生的现金流量净额与总资产的比率均值为0.05，整体而言，现金流量净额水平不高；股权制衡度均值为6.5，最大值、最小值变动较大，表明公司间第一大股东与第二大股东持股比值差异较大。

2. 相关性分析

从相关性分析表4-3可知，股权激励比例与日股票收益率标准差、股票收益率标准差以及月股票收益率标准差都呈正相关，与前文的假设4-1一致，即股权激励提高了公司的风险承担水平；模型中所有变量的相关系数都小于0.5，相关系数不高，表明各变量之间不存在多重共线性。

二　回归分析

（一）授予了股权激励计划的样本回归结果分析

基于授予了股权激励计划的样本，分别采用不同的风险承担水平衡量指标，考虑控制变量和不考虑控制变量进行回归分析。

基于所有授予股权激励计划的样本，依次将衡量风险承担的变量日

表 4-3　相关性分析

	Rvsd	Zvsd	Yvsd	BL	Mer	Sagrowth	Assetsturm	Size	CF	Shrz	TbQ
Rvsd	1										
Zvsd	0.901***	1									
Yvsd	0.725***	0.780***	1								
BL	0.117***	0.138***	0.078*	1							
Mer	0.160***	0.140***	0.153***	-0.0100	1						
Sagrowth	0.149***	0.132***	0.069*	0.121***	-0.097**	1					
Assetsturm	-0.111***	-0.103***	-0.111***	0.120***	-0.438***	0.0270	1				
Size	-0.331***	-0.316***	-0.278***	-0.114***	-0.295***	-0.105***	0.161***	1			
CF	-0.0570	-0.0570	-0.126***	-0.0260	0.084**	-0.0520	0.257***	0.086**	1		
Shrz	-0.0370	-0.0530	-0.0340	-0.0320	-0.083**	-0.0470	0.0150	0.156***	0.0280	1	
TbQ	0.224***	0.190***	0.133***	-0.081**	0.346***	0.125***	-0.094**	-0.366***	0.298***	-0.104***	1

注：*** 表示 $p < 0.01$，** 表示 $p < 0.05$，* 表示 $p < 0.1$。

股票收益率标准差、周股票收益率标准差、月股票收益率标准差代入模型（4-3）、模型（4-4），被解释变量、解释变量及控制变量的回归结果见表4-4。回归结果显示，考虑控制变量后，回归模型 R^2 更高，拟合度更好。考虑控制变量后，股权激励比例与日股票收益率标准差、周股票收益率标准差显著正相关，与月股票收益率标准差正相关但不显著；不考虑控制变量的影响，股权激励比例与日股票收益率标准差、周股票收益率标准差和月股票收益率标准差都显著正相关。即考虑控制变量后的稳健结果和不考虑控制变量的结果都支持假设4-1，即股权激励比例越高，就越能提高公司的风险承担水平。

表4-4　　　　　授予了股权激励计划的样本回归结果[①]

变量	公司风险承担（Rvsd）		公司风险承担（Zsvd）		公司风险承担（Yvsd）	
BL	0.000400*** (0.000135)	0.000255** (0.000128)	0.00123*** (0.000351)	0.000816** (0.000341)	0.00179* (0.000914)	0.000838 (0.000890)
Mer		-0.00431 (0.00414)		-0.00899 (0.0110)		-0.0214 (0.0287)
Sagrowths		0.00170** (0.000786)		0.00373* (0.00209)		0.00313 (0.00545)
Assetsturn		-0.000578 (0.000858)		-0.000493 (0.00228)		-0.00219 (0.00595)
Size		-0.00305*** (0.000610)		-0.00823*** (0.00162)		-0.0207*** (0.00423)
CF		-0.00197 (0.00384)		-0.00328 (0.0102)		-0.0599** (0.0266)
Shrz		5.76e-06 (2.07e-05)		-1.38e-05 (5.50e-05)		5.40e-05 (0.000144)
TbQ		0.000559*** (0.000181)		0.00111** (0.000479)		0.00197 (0.00125)
常数项	0.0267*** (0.000351)	0.0751*** (0.00865)	0.0557*** (0.000909)	0.180*** (0.0230)	0.119*** (0.00237)	0.344*** (0.0600)

[①] 由于篇幅原因，省略行业回归结果。下同。

续表

变量	公司风险承担（Rvsd）		公司风险承担（Zsvd）		公司风险承担（Yvsd）	
样本数	630	630	630	630	630	630
R^2	0.014	0.280	0.019	0.249	0.006	0.234

注：由于篇幅原因，省略行业回归结果，下同。*** 表示 $p<0.01$，** 表示 $p<0.05$，* 表示 $p<0.1$。

从控制变量来看，营业收入增长率、托宾 Q 与日股票收益率标准差、周股票收益率标准差和月股票收益率标准差显著正相关，表明成长性高的公司越愿意承担相应的风险；资产规模与日股票收益率、周股票收益率及月股票收益率都负相关，表明公司规模越小越灵活，就越愿意承担风险。

（二）区分不同激励类型的回归结果分析

基于前文分析，不同的激励类型对风险承担水平有不同的影响。因此，分别区分限制性股票和股票期权，考虑控制变量和不考虑控制变量，进行回归分析。授予的股权期权样本回归结果如表 4-5 所示。

表 4-5   授予的股票期权样本回归结果

常量	Rvsd	Rvsd	Zvsd	Zvsd	Yvsd	Yvsd
BL	0.000579 ***	0.000590 ***	0.00169 ***	0.00155 ***	0.00282 **	0.00211 *
	(0.000176)	(0.000187)	(0.000459)	(0.000489)	(0.00115)	(0.00125)
Mer		-0.00292		-0.000483		0.0224
		(0.00601)		(0.0157)		(0.0401)
Sagrowth		0.00195		0.00585 *		0.00801
		(0.00123)		(0.00322)		(0.00821)
Assetsturn		0.000217		0.00118		0.00493
		(0.00122)		(0.00320)		(0.00817)
Size		-0.00243 **		-0.00654 ***		-0.0155 **
		(0.000947)		(0.00248)		(0.00632)
CF		-0.000293		0.00600		-0.0302
		(0.00598)		(0.0156)		(0.0399)
Shrz		5.05e-05		6.22e-05		0.000118
		(4.13e-05)		(0.000108)		(0.000276)

续表

常量	Rvsd	Rvsd	Zvsd	Zvsd	Yvsd	Yvsd
TbQ		0.000793 ***		0.00187 **		0.00361 *
		(0.000291)		(0.000761)		(0.00194)
常数项	0.0263 ***	0.0501 ***	0.0548 ***	0.106 ***	0.117 ***	0.234 ***
	(0.000530)	(0.0113)	(0.00138)	(0.0295)	(0.00345)	(0.0751)
样本数	313	313	313	313	313	313
R^2	0.033	0.274	0.042	0.271	0.019	0.226

注：*** 表示 $p<0.01$，** 表示 $p<0.05$，* 表示 $p<0.1$。

首先，从授予股票期权计划的样本来看，无论是从拟合度更高的结果、更稳健的角度考虑了控制变量的结果，还是不考虑控制变量的影响，结果都显示，股票期权授予的比例越高，就越能提高公司的风险承担水平，与假设4-2-1一致，即股票期权可以改变经理人的风险倾向，提高经理人的风险承担水平。

其次，表4-6显示，从授予的限制性股票来看，考虑控制变量与不考虑变量的结果类似，都没有得到限制性股票与风险承担关系的显著性结果，可能的原因是样本量有限，后续的稳健性检验中将扩充样本量后进一步验证。

表4-6 授予的限制性股票样本回归结果

变量	Rvsd	Rvsd	Zvsd	Zvsd	Yvsd	Yvsd
BL	0.000737	0.000258	0.00155	-0.000171	0.00467	0.000636
	(0.000654)	(0.000595)	(0.00170)	(0.00160)	(0.00470)	(0.00434)
BLsqure	-0.000174	-0.000112	-0.000322	-4.67e-05	-0.00123	-0.000485
	(0.000134)	(0.000122)	(0.000350)	(0.000327)	(0.000966)	(0.000890)
Mer		-0.00279		-0.0125		-0.0648
		(0.00605)		(0.0162)		(0.0441)
Sagrowth		0.00181 *		0.00280		0.000157
		(0.00105)		(0.00281)		(0.00764)
Assetsturn		-0.00197		-0.00402		-0.0158
		(0.00132)		(0.00353)		(0.00960)

续表

变量	Rvsd	Rvsd	Zvsd	Zvsd	Yvsd	Yvsd
Size		−0.00299***		−0.00820***		−0.0239***
		(0.000847)		(0.00227)		(0.00618)
CF		−0.00536		−0.0167		−0.101***
		(0.00511)		(0.0137)		(0.0373)
Shrz		−2.32e−05		−0.000113		−4.32e−05
		(3.04e−05)		(8.16e−05)		(0.000222)
TbQ		0.000357		0.000480		0.000710
		(0.000235)		(0.000629)		(0.00171)
常数项	0.0271***	0.0609***	0.0569***	0.140***	0.120***	0.408***
	(0.000608)	(0.00963)	(0.00158)	(0.0258)	(0.00437)	(0.0702)
样本数	305	305	305	305	305	305
R^2	0.006	0.393	0.003	0.353	0.006	0.374

注：*** 表示 $p<0.01$，* 表示 $p<0.1$。

（三）区分不同产权性质的回归结果分析

基于前文分析，不同的产权性质下激励水平对风险承担有不同的影响，因此，区分不同的产权性质，考虑控制变量和不考虑控制变量进行回归，其回归结果如表 4−7 所示。

表 4−7　授予了股权激励计划的非国有公司样本回归结果

变量	公司风险承担（Rvsd）		公司风险承担（Zvsd）		公司风险承担（Yvsd）	
BL	0.000394***	0.000318**	0.00120***	0.000942***	0.00174*	0.000957
	(0.000136)	(0.000131)	(0.000358)	(0.000353)	(0.000937)	(0.000924)
Mer		−0.00312		−0.00588		−0.00876
		(0.00415)		(0.0112)		(0.0293)
Sagrowth		0.00168**		0.00349		0.00378
		(0.000806)		(0.00217)		(0.00569)
Assetsturn		−0.000498		0.000454		0.000738
		(0.000933)		(0.00251)		(0.00659)
Size		−0.00276***		−0.00794***		−0.0192***
		(0.000685)		(0.00185)		(0.00484)

续表

变量	公司风险承担（Rvsd）		公司风险承担（Zvsd）		公司风险承担（Yvsd）	
CF		−0.00357		−0.00702		−0.0688**
		(0.00403)		(0.0109)		(0.0285)
Shrz		−4.23e−05*		−0.000144**		−0.000147
		(2.56e−05)		(6.89e−05)		(0.000181)
TbQ		0.000643***		0.00127***		0.00220*
		(0.000181)		(0.000489)		(0.00128)
常数项	0.0268***	0.0436***	0.0561***	0.107***	0.120***	0.286***
	(0.000361)	(0.00875)	(0.000947)	(0.0236)	(0.00248)	(0.0618)
样本数	575	575	575	575	575	575
R^2	0.014	0.288	0.019	0.253	0.006	0.241

注：*** 表示 $p<0.01$，** 表示 $p<0.05$，* 表示 $p<0.1$。

首先，从非国有企业样本的回归结果来看，也显示考虑控制变量后，回归模型 R^2 更高，拟合度更好。此时，除月股票收益率标准差正相关不显著外，其他风险承担衡量指标与股权激励比例都显著正相关；不考虑控制变量的影响，股权激励比例与衡量风险承担水平的日股票收益率标准差、周股票收益率标准差、月股票收益率标准差都显著正相关。即结果表明，无论是从考虑控制变量后更稳健的结果还是不考虑控制变量的影响，非国有企业的激励比例越高，就越能提高企业的风险承担水平，假设4-3-1得到了支持。

从控制变量看，在非国有企业样本中，公司规模与三种衡量风险承担的指标都显著负相关，表明非国有性质的企业，也存在规模越大越谨慎，规模小反而更灵活，更愿意承担风险；TbQ 也与三种衡量风险承担的指标显著正相关，表明成长性越高的公司越愿意承担风险。

其次，表4-8显示，从国有企业的样本来看，表现出与非国有企业完全不同的特征。回归结果显示，考虑控制变量后，回归模型 R^2 非常高，拟合度很好。此时，激励比例与三种衡量风险承担的指标都显著负相关；如不考虑控制变量的影响，激励比例与三种风险承担的指标关系都不显著。即从更稳健的结果来看，国有企业股权激励比例越高，企业的风险承担水平就越低，假设4-3-2得到了支持。

（四）股权激励对系统风险和非系统风险的影响

表 4-8　授予了股权激励计划的国有公司样本回归结果

变量	公司风险承担（Rvsd）		公司风险承担（Ivsd）		公司风险承担（Yvsd）	
BL	0.000188	-0.00189***	0.000749	-0.00406***	-0.000191	-0.0105*
	(0.000740)	(0.000633)	(0.00174)	(0.00140)	(0.00430)	(0.00521)
Mer		-0.0258		-0.0468		-0.333
		(0.0252)		(0.0556)		(0.207)
Sagrowth		0.00240		0.00918		0.0153
		(0.00382)		(0.00844)		(0.0315)
Assetsturn		-0.00282		-0.00706		-0.0346
		(0.00379)		(0.00837)		(0.0312)
Size		-0.00827***		-0.0178***		-0.0533***
		(0.00223)		(0.00492)		(0.0184)
CF		0.00372		0.00807		-0.0222
		(0.0162)		(0.0359)		(0.134)
Shrz		-1.51e-05		-5.97e-05		-0.000658
		(8.52e-05)		(0.000188)		(0.000702)
TbQ		-0.00149		-0.00189		-0.00616
		(0.00100)		(0.00222)		(0.00827)
常数项	0.0260***	0.116***	0.0534***	0.242***	0.113***	0.696***
	(0.00142)	(0.0244)	(0.00334)	(0.0539)	(0.00825)	(0.201)
样本数	55	55	55	55	55	55
R^2	0.001	0.805	0.003	0.828	0.000	0.606

注：*** 表示 $p<0.01$，* 表示 $p<0.1$。

（四）股权激励对系统风险和非系统风险的影响

前文主要考察的是股权激励对公司总风险承担水平的影响，本书认为，激励水平对不同风险类型的影响存在差异，因此，区分系统风险（xt）与非系统风险（fxt）进行回归，其回归结果如表 4-9 所示。

表 4-9　股权激励对系统风险与非系统风险的回归结果

变量	xt	xt	fxt	fxt
BL	0.00433	-0.00346	0.000581***	0.000543***
	(0.00547)	(0.00497)	(0.000103)	(0.000107)

续表

变量	xt	xt	fxt	fxt
Mer		−0.0623		0.000644
		(0.161)		(0.00346)
Sagrowth		−0.0183		−4.73e−05
		(0.0305)		(0.000656)
Assetsturn		−0.134***		0.00217***
		(0.0332)		(0.000716)
CF		0.0406		0.00643**
		(0.149)		(0.00321)
Shrz		0.000469		1.10e−05
		(0.000803)		(1.73e−05)
TbQ		−0.0668***		−0.000163
		(0.00700)		(0.000151)
Size		−0.142***		0.000325
		(0.0236)		(0.000509)
常数项	1.097***	2.669***	0.0117***	0.0228***
	(0.0142)	(0.335)	(0.000266)	(0.00722)
样本数	630	630	630	630
R^2	0.001	0.328	0.049	0.157

注：*** 表示 $p<0.01$，** 表示 $p<0.05$。

通过表 4−9 回归结果可知，股权激励与非系统风险显著正相关，对系统风险的影响不显著，支持了假设 4−4−1。即经理人主要是选择增加非系统风险的项目来增加公司的风险承担。

（五）进一步讨论：股权激励影响了公司的哪些风险项目

通过上文分析，股权激励增加了公司风险承担水平，那么，通过影响哪些风险项目进而影响公司的风险承担水平呢？现有文献认为，对管理者风险承担行为的激励作用将体现在管理层对公司财务政策的选择上。Rajgopal 和 Shevlin（2002）研究发现，风险承担激励鼓励经理人进行了风险较大的投资。科尔斯等（2006）研究发现，经理人薪酬对股票波动的敏感性越高，将会选择高风险的政策，包括更高的财务杠杆。Guay（1999）认为，风险承担激励的增加与股票回报波动和财务杠杆正相关。为此，本书进一步分析股权激励是否影响了公司的财务杠杆、资本支出进而影响到公司的风险承担水平。

采用资产负债率衡量公司的财务杠杆，采用（经营租赁所支付的现金+构建固定资产、无形资产和其他长期资产所支付的现金－处置固定资产、无形资产和其他长期资产而收回的现金净额）/营业收入衡量资本支出，回归结果如表4－10所示。

表4－10　　　　　　　　股权激励对风险项目的影响

变量	Outcap	Leverage
BL	0.00507*	0.0104***
	(0.00269)	(0.00284)
Mer	－0.0708	－0.410***
	(0.0868)	(0.0918)
Sagrowth	0.0189	0.0137
	(0.0165)	(0.0174)
Assetsturn	－0.166***	0.104***
	(0.0180)	(0.0190)
Size	－0.0444***	0.162***
	(0.0128)	(0.0135)
CF	0.209***	－0.149*
	(0.0804)	(0.0851)
Shrz	7.70e－05	－1.83e－06
	(0.000434)	(0.000459)
TbQ	－0.0112***	－0.0251***
	(0.00378)	(0.00400)
常数项	0.557***	－1.128***
	(0.181)	(0.192)
样本数	630	630
R^2	0.287	0.605

注：*** 表示 $p<0.01$，* 表示 $p<0.1$。

回归结果显示，授予的股权激励比例与资产支出、资产负债率显著正相关,表明经理人通过提高公司的资本支出、提高财务杠杆,增加了公司的风险承担水平。

(六) 稳健性检验

1. 改变风险的度量方法

财务指标虽受到财务报表的约束和限制,但也是公司风险行为的反映,因此,本书也借鉴了余明桂等(2013),李小荣、张瑞君(2014)以及李海霞、王振山(2015)的研究方法,首先将各公司的 ROA 经过当年度和所在行业的均值调整,然后再采用以每三年作为一个观测期间依次滚动计算该期间 ROA 的标准差来衡量公司风险承担水平,以此方法进行稳健性检验。

$$ROAdjsd_{i,m} = \sqrt{\frac{1}{T-1}\sum_{j=1}^{T}\left(ROAdj_{i,j} - \frac{1}{T}\sum_{j=1}^{T}ROAdj_{i,j}\right)^2} \quad (4-7)$$

其中,$T=3$,$ROAdj_{i,j}$ 为公司 i 在 j 年度经过当年度所在行业均值调整后的总资产净利率。$ROAdjsd_{i,m}$ 为三年间 $ROAdj_{i,j}$ 的标准差,即为 2006—2008 年、2007—2009 年、2008—2010 年、2009—2011 年、2010—2012 年、2011—2013 年和 2012—2014 年不同期间经过年度和行业调整后的 ROA 标准差。回归结果如表 4-11 所示。

表 4-11　　　　　　　　股权激励对风险承担的影响

变量	Bzcroadj	Bzcroadj
BL	0.0765**	0.0849**
	(0.0333)	(0.0381)
Mer		-1.084
		(1.192)
Sagrowth		-0.356
		(0.287)
Assetturn		-0.277
		(0.257)
Size		0.0461
		(0.220)
CF		2.342*
		(1.335)

续表

变量	Bzcroadj	Bzcroadj
Shrz		-0.00402
		(0.00989)
TbQ		0.00318
		(0.0651)
常数项	-0.0139	-0.673
	(0.108)	(3.028)
样本数	296	296
R^2	0.018	0.103

注：** 表示 $p<0.05$，* 表示 $p<0.1$。

通过表 4-10 可以发现，采用经过行业和年度调整的 ROA 标准差作为风险承担的衡量，授予股权激励比例与风险承担也显著正相关，验证了本书的结果。

2. 改变股权激励的度量方法

本书也借鉴 Bergstresser 和 Philippon（2006）以及苏东蔚和林大庞（2010）的方法，对股权激励采用以下方法度量：

$$BL_2 = \frac{0.01 \times price_{i,j} \times (shares_{i,j} + options_{i,j})}{0.01 \times price_{i,j} \times (shares_{i,j} + options_{i,j}) + cash_{i,j}} \quad (4-8)$$

其中，$price_{i,j}$ 为 i 公司 j 年度的最后一个交易日的收盘价，$shares_{i,j}$、$options_{i,j}$ 分别为当年度授予的股票期权或限制性股票的数量，$cash_{i,j}$ 为当年的高层管理者的现金薪酬。

表 4-12　　　　　　　　股权激励对风险承担的影响

变量	Rvsd	Rvsd	Zvsd	Zvsd	Yvsd	Yvsd
BL_2	0.000652	0.000734	0.00410	0.00577	-0.0112	0.00125
	(0.00157)	(0.00152)	(0.00408)	(0.00403)	(0.0105)	(0.0105)
Mer		-0.00385		-0.00713		-0.0200
		(0.00415)		(0.0110)		(0.0287)
Sagrowth		0.00185**		0.00398*		0.00369
		(0.000789)		(0.00209)		(0.00546)

续表

变量	Rvsd	Rvsd	Zvsd	Zvsd	Yvsd	Yvsd
Assetsturn		-0.000400		-8.94e-05		-0.00155
		(0.000857)		(0.00228)		(0.00593)
CF		-0.00184		-0.00253		-0.0596**
		(0.00386)		(0.0102)		(0.0267)
Shrz		2.55e-06		-2.34e-05		4.32e-05
		(2.07e-05)		(5.50e-05)		(0.000143)
TbQ		0.000496***		0.000822*		0.00179
		(0.000183)		(0.000487)		(0.00127)
Size		-0.00328***		-0.00925***		-0.0213***
		(0.000623)		(0.00165)		(0.00431)
常数项	0.0274***	0.0776***	0.0574***	0.191***	0.124***	0.351***
	(0.000359)	(0.00874)	(0.000933)	(0.0232)	(0.00241)	(0.0605)
样本数	630	630	630	630	630	630
R^2	0.000	0.276	0.002	0.244	0.002	0.233

注：*** 表示 $p<0.01$，** 表示 $p<0.05$，* 表示 $p<0.1$。

回归结果显示，改变股权激励的衡量方法后，激励比例对风险承担都是正相关但不显著，可能的原因是股权激励占整个薪酬的比重还比较低，效应不明显。

3. 改变样本量

为与后文研究样本保持一致，本部分选择的样本删除了无风险承担数据和创新绩效数据的公司。为进一步验证本书的结论，仅选择删除了无风险承担数据的样本公司（样本量877个）进行检验。回归结果显示，股权激励比例越高，就越能显著提高公司的风险承担水平；股票期权可以改变经理人的风险倾向，提高经理人的风险承担水平；限制性股票的持股比例与风险承担呈"U"形关系；股权激励与非系统风险显著正相关；非国有企业的激励幅度越大，越能提高公司的风险承担水平，国有企业实施股权激励计划的比例越高，反而风险承担水平越低，假设 4-1、假设 4-2-1 与 4-2-2、假设 4-3-1 与 4-3-2 及假设 4-4-1 也都得到了验证。

结　论

本章研究结果显示，基于授予了股权激励计划的公司样本，整体而言，股权激励提高了公司的风险承担水平；激励幅度越大，就越能提高公司的风险承担水平。但是，在区分不同的产权性质后，研究发现，非国有企业实施的股权激励更多，更愿意选择股权激励计划激励经理人，授予的激励幅度越大，就越有助于公司的风险承担；而国有企业实施的股权激励计划数量有限，且授予的激励幅度越大，公司风险承担水平反而越低。就不同的股权激励计划类型而言，股票期权的激励表现出其本身的性质，即授予幅度越大，就越有助于冒险，体现了显著的风险承担效应；限制性股票体现了行为代理理论与风险承担效应的共同作用。此外，进一步研究显示，股权激励主要是通过提高非系统性风险来提高公司整体的风险承担水平，对系统风险的影响有限；也主要是通过增加资本支出、财务杠杆增加公司的风险。

就理论意义而言，本章的研究为行为代理理论与风险承担效应的作用提供了经验证据。作为长期激励制度，从委托—代理理论角度探讨其利益协同效应的文献较多，探讨其风险承担效应的文献有限，更鲜有文献从行为代理理论角度进行探讨。而本章的研究凸显了行为代理理论对限制性股票与风险承担关系的解释力。

就现实意义而言，风险管理是宏观经济稳定和微观企业生存发展的关键。在我国对防范系统金融风险日益重视的情况下，是否会引发系统性风险也是激励制度和风险管控考虑的重点。上述研究结果也表明，股权激励虽然激励了经理人勇于承担风险以获取收益，但是并未影响系统性风险从而造成不利后果。即从风险承担角度评价股权激励实施的效果时，要从不同的产权性质、不同的激励类型以及不同的风险类型角度考虑，才能进一步合理全面评价该制度。随着 2015 年 12 月中国证券业监督管理委员会对《上市公司股权激励管理办法（征求意见稿）》公开征求意见，本书的研究也将为股权激励管理制度的改革与完善提供相应的依据。此外，对于现阶段的企业转型以及国有企业的混合所有制改革而言，如何从企业的实际出发，设计更合理的激励制度，从而有助于提升经理人的风险承担水平进而促进企业发展，本书的研究将是有益的参考。

第五章　风险承担与创新绩效
——基于股权激励的调节视角

自熊彼特1912年提出创新理论以来，对企业创新的研究就一直方兴未艾。特别是随着各个国家和地区对创新提高企业竞争力、促进经济发展的重视，理论研究和实践都蓬勃发展。在实务界，在创新战略的指引和支持下，企业日益重视创新，对创新产出——专利的保护和运用策略日益增强；在理论界，对企业创新的影响因素以及其经济后果都有着丰富的研究。这些研究，既有从宏观层面出发，即探讨科技财政政策对产业企业创新的影响以及产业企业创新对经济发展的影响，如我国GDP贡献的影响；也有从微观层面出发，研究企业创新的影响因素以及对企业经营的影响。而将风险与创新联系起来的研究文献比较少，仅有布朗和奥斯本（Brown and Osborne，2013）研究了公共服务领域的风险与创新、克雷格等（Craig et al.，2014）研究了家族企业与非家族企业风险承担与创新绩效的关系、Kraiczy等（2015）探讨了家族企业的组织背景如何与经理人的冒险倾向相互影响从而影响到新产品的创新。

此外，现有文献一般从股权激励与风险承担、股权激励与创新的视角进行研究，对它们三者的相关关系研究较少。仅有Laux（2015）试图寻求在职业关注背景下的最优薪酬组合，以便激励经理人承担风险、寻求和从事创新项目；唐清泉、甄丽明（2009）研究了短期薪酬和管理层持股、管理层风险倾向和风险认知与研发投入之间的关系；杨建君等（2012）基于问卷调查的数据，研究了信任、风险承担与创新绩效的关系；于维娜等（2016）研究了创新支持对风险承担意愿与创新绩效的影响。

可见，虽然创新与风险的关系密不可分，也都是理论界关注的热点，但是，现有文献多从各自的角度展开研究，将两者联系起来的研究较少，即使有相关研究，也多采用调查问卷的形式。此外，在实施股权激励达 10 年之久后，需要思考的是长期激励是否改变了经理人的风险态度，对创新是否有一定的影响？除了关注创新的投入角度，创新的产出角度是否也应该值得研究？除个体层面的风险态度外，公司整体的风险承担水平是否对创新有影响？除股东与经理人的信任程度、组织支持创新和主管支持创新外，基于权益的薪酬是否也对风险承担与创新绩效的关系存在一定的调节？

因此，本章将采用上市公司的数据，从实证的角度分析风险承担对创新绩效的影响，研究与创新密切相关的企业风险承担水平，对企业的创新绩效以及三种类型的专利有何影响；并进一步探讨股权激励对风险承担与创新绩效是否存在调节关系。从而试图从微观层面拓宽风险承担经济后果的研究和企业创新影响因素的研究，也进一步明确风险承担与创新关系的促进机制和监督机制，以期为企业的风险管理、创新策略提供有益的参考。

第一节 理论分析与研究假设

创新是十分重要的公司策略，能够促进企业长期的增长，增强竞争力（Chang et al., 2015）。但是，创新不像常规有形资产的投资，由于变化不可预期的情况，公司创新有很大失败的可能性（Holmstorm, 1989）。并且为了大规模使用的开发和实施，创新后续也涉及新的想法或项目测试、评估或试验，由于这一过程，所以，风险成为创新成功需要解决的关键问题（Cheng, Y. and Van de Ven, A. H., 1996; Brown, L. and Osborne, S. P., 2013）。

创新过程中的风险主要来源于以下两个方面：

第一，所有创新项目均具有根本的内在的不确定性，也普遍存在社会各阶层的"抵制新方法"力量或"惯性"。根据 West 和 Farr（1990）的定义，创新是在团体或组织中有目的地引入和应用思想、过程、产品或程序，采用新的知识将使个人、组织或广泛的社会获益。而在团体或组织中引入新的成果必然面临着现有的惯性，这种惯性导致了创新成果应用前景的不确定性。这必然需要具有风险承担能力，愿意冒前景不确定的风险，愿意承担若不能突破现有的惯性而失败的风险。

第二，创新活动过程本身就极具风险性，是一个探索性、创造性的过程。① 在此过程中，会遭遇到各种挑战和风险，比如，存在由于技术难度无法突破、无法取得创新成果的风险，创新成果取得滞后、被更先进的成果代替而没有效益的风险，人员流动导致创新无法完成或造成竞争对手的风险，企业对市场环境和客户需求认识不足而导致创新成果无效益的风险等，这些都需要企业具有相应的风险承担能力。

事实上，虽然创新是高风险的项目，但同时也是高收益的项目。创新让企业具备核心竞争力，创新成果的技术壁垒、新颖性可以让企业获得高额利润。因此，为了应对激烈的市场竞争和获取较高收益，企业也需要进行创新，从而需要企业承担相应的从事创造性和开拓性的项目的风险。

企业的风险承担水平对企业创新绩效的影响主要体现在以下三个方面：

第一，有一定的风险承担水平的公司，对投资机会的利用会更充分，对创新项目的选择和投入会越多，就越不会放弃有创新思想的项目。企业创新过程中，会出现风险较大且净现值为正的项目，若不承担风险，将会放弃对此类项目的选择和投入，从而影响创新绩效。

第二，有一定的风险承担水平，就越会选择周期长、风险大、技术含量高的创新项目，此类项目也能为企业带来较丰厚的垄断利润。但是，如果公司不愿意承担风险，将会倾向于一些技术含量低、周期短、风险较小的项目，从而影响到创新绩效的质量。

第三，有一定的风险承担水平，就越愿意面对创新的各种不确定性，从而提升创新绩效。创新过程中有种种不确定性，如果有一定的风险承担水平，愿意面对各种风险，进行突破和创新，从而能提升创新绩效。为此，从质和量以及克服创新难度的角度考虑，有一定的风险承担水平，就有助于创新。杨建君等（2009）研究也表明，风险承担行为的程度对创新很重要，风险承担行为的多少决定了企业是否创新以及如何创新。科文和斯莱文（1989）研究认为，管理者越愿意承担风险，行为越激进，也越支持企业的创新。Miller、Kets De Vries 和 Toulouse

---

① 纪端：《技术执行董事、R&D 效率与企业绩效》，第 14 届中国实证会计国际研讨会，北京，2015 年 12 月。

（1982）研究表明，公司需具备更高的风险承担有助于持续的产品创新。布朗和奥斯本（2013）从公共服务领域角度进行研究，认为创新与积极的风险承担密切相关。

那么，是否企业的风险承担水平越高，企业的创新绩效就越多？董保宝（2014）研究表明，新企业冒适度的风险时绩效较佳，风险规避和过度承担风险都会导致绩效的降低，风险平衡是新企业的最佳选择。从创新绩效的角度看也如此。因为当企业风险承担水平超过一定的范围，选择项目时过度冒险，则有可能选择没有市场前景、技术难度非常大并且不易成功的项目，项目失败的可能性大大增加，从而不利于创新。

综上所述，提出以下假设：

假设5-1：适度的风险承担水平有利于创新，风险承担水平与创新绩效正相关。

《中华人民共和国专利法》将创新的产出——专利区分了发明专利、实用新型和外观设计。根据《中国统计年鉴》，发明是对产品、方法或者其改进所提出的新的技术方案；实用新型是对产品的形状、构造或者其结合所提出的适于实用的新的技术方案；外观设计是对产品的形状、图案、色彩或者其结合所做出的富有美感并适于工业上应用的新设计。

从定义上看，一般认为，发明专利创新程度最高，技术含量最高，研发难度也最大，实用新型和外观设计的创新程度相对较低，技术含量较低，研发难度也较小。就实用新型和外观设计而言，实用新型的创新程度稍高于外观设计，因外观设计注重产品的形状、图案、色彩或其结合，技术含量较小。但良好的外观设计也具有较好的视觉和感官效果，更容易被客户接受，某些产品就是因其色彩而具有广泛的认可度，从而让企业获取较高收益。因此，专利的三种类型都具有风险性特征。据此，提出以下假设：

假设5-2：风险承担水平与三种类型的专利显著正相关。

具体到不同的产权性质，本书认为，对三种类型的专利不同性质的企业有不同的选择策略。就非国有企业而言，其寻求更高收益的回报，而发明专利的技术含量高、创新程度高、难以模仿和跟进，从而能够形成更高的技术壁垒以保护新产品获取收益，从而更加符合非国有企业的需求。徐欣、唐清泉（2012）研究也发现，非国有控股企业更多地将研发资金投入到创新含金量最高的发明专利的创造中。因此，非国有企业更愿意从事发明专利的投入，以其高的附加值获取更多的垄断利润。

对于国有企业而言，因其管理者出于职业生涯如政治晋升的考虑，其不愿意冒较大风险。发明专利虽然具有高附加值，但也具有高风险性，其投入大、周期长、见效慢，在管理者有限的任期内，不一定能见到成效，因此，选择的可能性不如其他两种专利大。特别是实用新型，有一定的技术含量，但成本低、周期短、较快地适应市场需求，因此将更受到国有企业的选择。

至于外观设计，虽然技术含量不高，但是，需要对用户和市场有密切的关注与了解。而非国有企业对市场的契合度更高，因此也会注重此类型专利。基于上述分析，提出以下假设：

假设5-3-1：非国有企业风险承担水平与发明专利正相关。

假设5-3-2：非国有企业风险承担水平与外观设计正相关。

假设5-3-3：国有企业风险承担水平与实用新型正相关。

创新的产生依循着这样一个过程：积极、主动、上进的员工产生想法并将它们转化为新的产品、服务以及商业模式。为了鼓励发现新的创新投资机会以及从事该新的想法，经理需要被激励。因为从事新的创新投资机会让现有的经理人冒一定的风险，实施新想法也可能导致较低的当期现金流，低的当期效益也会让股东认为，需要替代现有的经理人去寻求更适合的经理人，从而对经理人是否称职具有负面影响，导致存在被替代的可能。为了鼓励和弥补经理人发现和决定从事新的创新项目，就需要提供经理人从事新项目比继续日常业务预期报酬更多的薪酬体系。Laux（2015）认为，当解聘风险较小，且在那些依赖于创新增长提升业绩的公司和行业，股票期权与限制性股票的薪酬组合最优。即股票期权与限制性股票有助于鼓励经理人承担从事创新项目的风险，从而促进创新并提升企业业绩。

但是，股权激励会无限度地增加公司的风险，去追求创新吗？还是当风险达到了一定的程度，对风险有一定的监督和控制？或者说，公司的风险大幅度增加，经理人是任由公司大幅度地增加风险去追求创新，还是会监督和控制，反而减少创新？行为代理理论认为，经理人的风险承担行为并不是一以贯之的，可能会随着环境的变化而变化。当经理人感知到风险承担较大时，可能会改变风险态度。根据行为代理理论，比起追求未来财富最大化，代理人更关注现有财富损失的最小化。而股权激励授予经理人的股票期权和限制性股票，则被经理人认为是现有财富。授予的幅度越大，经理人可感知的现有财富越多，就越不愿意现有财富遭受损失。为此，在实施了股权激励计划的公司，授予的股权激励幅度越大，为了避免现有财富遭受损失，经理人不会任由风险无限度地增加，去追求创新的增加。另外，授予经理人股权激励后，经理人与企业更息息相关，基于所有者的身份以及自身财富安全和职业生涯的考虑，也不会任由公司无限度地增加风险，去追求创新的增加。因为这样会导致公司风险增大到过度且无法承受的程度，让企业面临衰落甚至破产。戴维·罗伯逊和比尔·布林（2014）通过对乐高公司从成功到衰落再到王者归来的研究说明，过度冒险和过度创新导致经营困难，只有调整创新策略，进行有效的创新，才能让企业重新走上健康发展的道路。从而如果不对企业的风险进行监督和控制，一味地为了追求公司的创新产出，无限度地增加公司的风险，反而对公司不利。

为此，本书认为，授予的股权激励计划会对风险承担与创新的关系存在一定的调节效应。即激励幅度越大，随着风险的逐步加大，风险的增加并不会促进创新同等程度地增加，反而会减少。对经理人而言，随着股权激励的幅度越大，经理人与股东、公司的利益更加相关，且出于对自身财富安全的考虑，会增加对风险性项目的控制，即反倒是随着企业风险承担水平的增加，不会再从事风险性较高的创新项目，从而导致创新的减少；也不会任由公司风险增加到非常大的程度，去追求创新的增加，反而是风险增加的程度越大，创新就越减少。据此，提出以下假设：

假设5-4：股权激励幅度对风险承担与绩效的关系存在调节效应。

在面对与创新相关的风险态度方面，国有企业与非国有企业显著不同。首先，国有企业由于具有的背景优势、资源优势和政策优势，足以让其获得较高回报，因此，面临的生存压力较小，寻求高风险高收益项目的动力不足。其次，国有企业的管理者并非来自完全竞争的经理人市场，更多地源于行政任命。对他们而言，更倾向于任期内企业平稳地经营以便个人政治晋升。为此，从职业生涯关注的角度看，高风险高收益项目对国有企业的管理者吸引力有限，国有企业的风险水平也有限。非国有企业的经理人与国有企业的管理者兼具"经济人"而和"政治人"不同，其主要来源于经理人市场，更多的是经济人身份，为此，面临更多的市场竞争和解聘压力，从而对待与创新相关的风险方面也更积极，更有意愿寻求高风险高收益的项目。

基于以上差异，在国有企业和非国有企业实施股权激励，对风险承担与创新绩效的作用效果不同。对国有企业而言，本身的风险水平不高，实施股权激励后，让经理人具有一定的所有者身份，个人利益与企业利益的一致性让其不会回避有一定收益且具有较高风险的项目。杨慧辉等（2016）的研究认为，随着政府对国有企业高层管理者"三公"消费限制的出台，国有企业高层管理者自我隐性激励的可实现程度降低，股权激励薪酬成为其薪酬财富的主要增长点。为此，股权激励的授予幅度越大，国有管理者为实现股权薪酬财富的最大化，有动机和意愿选择高风险项目，也就越愿意冒一定的风险去寻求创新的增加。对非国有企业而言，本身由于追求高收益让其具有了较高的风险水平，实施了股权激励后，反倒是让经理人对企业的风险有了一定的监督和控制，不会让企业一味地增加风险，去追求创新的增加，特别是激励幅度的增大，反倒是随着风险的增加而导致创新的减少。这与行为代理模型一致，即经理人的风险态度依赖于决策的环境。据此，提出以下假设：

假设5-5-1：非国有企业中，股权激励对风险与绩效的关系存在负向调节。

假设5-5-2：国有企业中，股权激励对风险与绩效的关系存在正向调节。

第二节 研究设计

一 样本选取及数据来源

与前文一致，本章基于2006—2014年被授予股权激励计划的公司样本，分析公司风险承担水平对创新绩效的影响，以及股权激励对公司风险承担水平与创新绩效的调节效应。样本中删除了无风险承担数据和创新绩效数据的公司，共得到 630 个样本观测值。样本中也删除了控制变量有缺失值的公司、ST 公司。样本数据为混合截面数据。创新绩效数据、计算风险承担的股票回报率数据以及控制变量数据都来源于国泰安数据库，所有数据均采用 Excel 和 Stata12.1 方法处理而得。

二　研究变量及其说明

（一）被解释变量

鉴于专利数据的客观性和可获得性，且为创新的直接产出，本书的被解释变量分别采用当年专利的申请总数（patent），三种专利类型即发明专利（Invent）、实用新型（UtilityM）和外观设计（Design）的申请数作为创新绩效的衡量。此外，本书采用的是专利申请量，而不是专利授权量，主要是由于申请量在很大程度上已经涵盖专利授权量，专利申请之后才会授权，授权又受外在环境的影响，有一定的时间滞后性，对当期的风险承担反映不准确。

（二）解释变量

解释变量为公司风险承担，借鉴 Chen 等（2006）、Baixauli-Soler 等（2014）、Bova 等（2015）以及苏坤（2015）的研究方法，本书采用常用的股票收益率的波动情况衡量公司风险承担，即采用年度日收益标准差（Rvsd）、周收益率标准差（Zvsd）和月收益率标准差（Yvsd）分别衡量公司当年的风险承担水平。其计算公式如下：

$$vsd_{i,j} = \sqrt{\frac{1}{T-1} \sum_{t=1}^{T} \left(r_{i,j,t} - \frac{1}{T} \sum_{t=1}^{T} r_{i,j,t} \right)^2} \quad (5-1)$$

其中，$r_{i,j,t}$ 为公司 i 在 j 年度内第 t 日（周、月）的收益率。

在进一步考察股权激励对风险承担与创新绩效的调节效应时，解释变量为公司风险承担、股权激励的授予比例、风险承担水平与股权激励授予比例的交乘项。股权激励授予比例与风险承担水平的交乘项分别以 Brsd、Bzsd 和 Bysd 表示。

此外，借鉴 Bova 等（2015），李小荣、张瑞君（2014）的研究，本书选择管理费用率（Mer）、营业收入增长率（Sagrowth）、总资产周转率（Assetsturn）、股权制衡度（Shrz）、资产规模（Size）、公司现金流（CF）以及托宾 Q 值（TbQ）作为控制变量。因本书的数据为混合截面数据，也对行业进行控制。有关变量说明如表 5-1 所示。

表 5-1   变量说明

变量类型	变量符号	变量含义	变量取值方法及说明
被解释变量	Patent	创新绩效	当年申请专利总数
	Invention	创新绩效	当年申请发明专利数
	UtilityM	创新绩效	当年申请实用新型专利数
	Design	创新绩效	当年申请外观设计专利数
解释变量	Rvsd	公司风险承担	日股票收益率标准差
	Zvsd	公司风险承担	周股票收益率标准差
	Yvsd	公司风险承担	月股票收益率标准差
控制变量	Mer	管理费用率	管理费用/营业收入
	Sagrowth	营业收入增长率	(本期营业收入 - 上期营业收入)/上期营业收入
	Assetsturn	总资产周转率	营业收入/平均资产总额
	Shrz	股权制衡度	第一大股东持股/第二大股东持股
	Size	资产规模	总资产自然对数
	CF	公司现金流	经营活动产生的现金流量净额/总资产
	TbQ	托宾 Q 值	市值/资产总计
	$Indcd_k$	行业	虚拟变量,属于行业 k 时取 1,否则取 0

三　模型设计

$$Patent_{i,j} = \beta_1 vsd_{i,j} + \beta_2 Mer_{i,j} + \beta_3 Sagrowth_{i,j} + \beta_4 Assetsturn_{i,j} + \beta_5 Shrz_{i,j} +$$
$$\beta_6 Size_{i,j} + \beta_7 CF_{i,j} + \beta_8 TbQ_{i,j} + \sum_{K=1}^{42} \beta_{8+k} Indcd_k + \alpha + \varepsilon$$
$$(5-2)$$

$$Invevt_{i,j} = \beta_1 vsd_{i,j} + \beta_2 Mer_{i,j} + \beta_3 Sagrowth_{i,j} + \beta_4 Assetsturn_{i,j} + \beta_5 Shrz_{i,j} +$$
$$\beta_6 Size_{i,j} + \beta_7 CF_{i,j} + \beta_8 TbQ_{i,j} + \sum_{K=1}^{42} \beta_{8+k} Indcd_k + \alpha + \varepsilon$$
$$(5-3)$$

$$UtilityM_{i,j} = \beta_1 vsd_{i,j} + \beta_2 Mer_{i,j} + \beta_3 Sagrowth_{i,j} + \beta_4 Assetsturn_{i,j} + \beta_5 Shrz_{i,j} +$$
$$\beta_6 Size_{i,j} + \beta_7 CF_{i,j} + \beta_8 TbQ_{i,j} + \sum_{K=1}^{42} \beta_{8+k} Indcd_k + \alpha + \varepsilon$$
$$(5-4)$$

$$Design_{i,j} = \beta_1 vsd_{i,j} + \beta_2 Mer_{i,j} + \beta_3 Sagrowth_{i,j} + \beta_4 Assetsturn_{i,j} + \beta_5 Shrz_{i,j} +$$

$$\beta_6 Size_{i,j} + \beta_7 CF_{i,j} + \beta_8 TbQ_{i,j} + \sum_{K=1}^{42} \beta_{8+k} Indcd_k + \alpha + \varepsilon \quad (5-5)$$

$$Patent_{i,j} = \beta_1 BL_{i,j} + \beta_2 Rvsd_{i,j} + \beta_3 Brsd_{i,j} + \beta_4 Mer_{i,j} + \beta_5 Sagrowth_{i,j} +$$
$$\beta_6 Assetsturn_{i,j} + \beta_7 Shrz_{i,j} + \beta_8 Size_{i,j} + \beta_9 CF_{i,j} + \beta_{10} TbQ_{i,j} +$$
$$\sum_{K=1}^{42} \beta_{10+k} Indcd_k + \alpha + \varepsilon \quad (5-6)$$

$$Patent_{i,j} = \beta_1 BL_{i,j} + \beta_2 Zvsd_{i,j} + \beta_3 Brsd_{i,j} + \beta_4 Mer_{i,j} + \beta_5 Sagrowth_{i,j} +$$
$$\beta_6 Assetsturn_{i,j} + \beta_7 Shrz_{i,j} + \beta_8 Size_{i,j} + \beta_9 CF_{i,j} + \beta_{10} TbQ_{i,j} +$$
$$\sum_{K=1}^{42} \beta_{10+k} Indcd_k + \alpha + \varepsilon \quad (5-7)$$

$$Patent_{i,j} = \beta_1 BL_{i,j} + \beta_2 Yvsd_{i,j} + \beta_3 Brsd_{i,j} + \beta_4 Mer_{i,j} + \beta_5 Sagrowth_{i,j} +$$
$$\beta_6 Assetsturn_{i,j} + \beta_7 Shrz_{i,j} + \beta_8 Size_{i,j} + \beta_9 CF_{i,j} + \beta_{10} TbQ_{i,j} +$$
$$\sum_{K=1}^{42} \beta_{10+k} Indcd_k + \alpha + \varepsilon \quad (5-8)$$

模型（5-2）主要考察风险承担对创新绩效的影响，依次代入衡量风险承担水平的日股票收益率标准差、周股票收益率标准差和月股票收益率标准差进行检验。模型（5-3）、模型（5-4）和模型（5-5）主要考察不同的风险承担水平对发明专利、实用新型和外观设计的影响，依次代入衡量风险承担水平的指标进行检验。模型（5-2）、模型（5-3）、模型（5-4）和模型（5-5）分别区分了不同产权性质的影响。模型（5-6）、模型（5-7）和模型（5-8）考察股权激励对不同风险衡量指标与创新绩效的作用。

第三节 实证检验

一 专利申请概况及描述性统计

（一）专利申请概况

基于已实施股权激励计划的样本，630 个样本 2006—2014 年共申请 38758 件专利，其中，发明专利 22471 件，实用新型 12278 件，外观设计 4009 件。

从申请专利行业看，体现了很强的行业特征。其中，制造业最多，共申请了 36564 件专利，包括发明专利 21054 件，实用新型 11567 件，外观设计 3943 件。制造业中又以化学原料和化学制品制造业，医药制造业，通用设备制造业，专业设备制造业，汽车制造业，铁路船舶等运输设备制造业，电气机械和器材制造业，计算机、通信和其他电子设备制造业申请专利最多，申请的专利数分别为 1058 件、642 件、766 件、3372 件、1647 件、737 件、6837 件、17547 件。

其次是信息传输、软件和信息技术服务业，共 1209 件。其中，软件和信息技术服务业申请专利最多，申请的专利数为 1164 件。

(二) 描述性统计

1. 各变量描述性统计

基于授予股权激励计划的样本，对各变量进行描述性统计，结果如表 5-2 所示。

表 5-2　　　　　　　　　描述性统计

变量	样本数	均值	标准差	最小值	最大值
Patent	630	61.52063	319.4115	1	5056
Invent	630	35.66825	275.369	0	4742
UtilityM	630	19.48889	84.75876	0	1813
Design	630	6.363492	22.88423	0	252
Rvsd	630	0.027486	0.006109	0.01396	0.057328
Zvsd	630	0.058054	0.015879	0.02776	0.135576
Yvsd	630	0.122531	0.041095	0.041182	0.314647
Mer	630	0.112864	0.076468	0	0.503172
Sagrowth	630	0.268622	0.293705	-0.43192	2.96564
Assetsturn	630	0.674417	0.360226	0.031843	2.834362
Size	630	9.404352	0.501632	8.636488	12.67504
CF	630	0.050698	0.070379	-0.1733	0.264814
Shrz	630	6.5245	12.36155	1	177.6141
TbQ	630	2.456512	1.568958	0.068381	11.45801

由表 5-2 可知，当年申请的专利数、发明专利、实用新型和外观设计各公司差异较大，且三种类型的专利申请也存在较大差异，其中，发明专利申请数最多，其次是实用新型。

2. 相关性分析

为初步考察风险承担与创新绩效的相关情况，进行相关性分析，结果如表 5-3 所示。

表 5-3　相关性分析

	Patent	Inventnum	UtilityM	Design	Rvsd	Zvsd	Yvsd	Mer	Sagrowth	Assetsturn	Size	CF	Shrz	TbQ
Patent	1													
Invent	0.958***	1												
UtilityM	0.565***	0.313***	1											
Design	0.337***	0.180***	0.416***	1										
Rvsd	0.0210	0.0470	-0.067*	-0.0270	1									
Zvsd	0.0100	0.0290	-0.0530	-0.0220	0.901***	1								
Yvsd	0.0240	0.0320	-0.00700	-0.0240	0.725***	0.780***	1							
Mer	-0.0380	-0.0140	-0.080**	-0.069*	0.160***	0.140***	0.153***	1						
Sagrowth	-0.0180	-0.00600	-0.0390	-0.0350	0.149***	0.132***	0.069*	-0.097**	1					
Assetsturn	0.084**	0.0550	0.101**	0.134***	-0.111***	-0.103***	-0.111***	-0.438***	0.0270	1				
Size	0.303***	0.239***	0.307***	0.218***	-0.331***	-0.316***	-0.278***	-0.295***	-0.105***	0.161***	1			
CF	0.0400	0.00800	0.100**	0.101**	-0.0570	-0.0570	-0.126***	0.084**	-0.0520	0.257***	0.086**	1		
Shrz	0.0180	0.00500	0.0510	0.00400	-0.0370	-0.0530	-0.0340	-0.083**	-0.0470	0.0150	0.156***	0.0280	1	
TbQ	-0.098**	-0.077*	-0.114***	-0.0250	0.224***	0.190***	0.133***	0.346***	0.125***	-0.094**	-0.366***	0.298***	-0.104***	1

注：***表示 $p<0.01$，**表示 $p<0.05$，*表示 $p<0.1$。

由表 5-3 各变量相关性分析可知，各风险承担衡量指标与当年的专利申请数、发明专利申请数都正相关但不显著，与实用新型和外观设计负相关但不显著。资产规模、总资产周转率与专利申请都显著正相关。

此外，由相关性分析表 5-3 也可知，发明专利与实用新型和外观设计显著正相关，与现有的研究一致，即发明专利对其他类型专利的增长有促进作用。

二 回归分析

(一) 风险承担与创新绩效回归结果分析

表 5-4 的回归结果显示，日股票收益率标准差、周股票收益率标准差和月股票收益率标准差与创新绩效都显著正相关，表明风险承担水平越高，就越有助于创新。假设 5-1 得到了支持。此外，资产规模与创新显著正相关，表明资产规模大的公司，人力资本和物质资本更充足，更有利于创新。

表 5-4　　风险承担与创新绩效回归结果

变量	Patent	Patent	Patent
Rvsd	6513 *** (2294)		
Zvsd		2185 ** (863.9)	
Yvsd			926.3 *** (331.6)
Mer	143.6 (229.5)	135.0 (229.8)	136.7 (229.5)
Sagrowth	-8.347 (43.44)	-5.501 (43.44)	0.533 (43.25)
Assetsturn	26.01 (47.18)	23.22 (47.24)	25.02 (47.19)
Size	334.8 *** (34.32)	333.0 *** (34.40)	333.6 *** (34.25)
CF	-22.59 (212.9)	-28.25 (213.2)	20.23 (213.9)

续表

变量	Patent	Patent	Patent
TbQ	0.481	1.724	2.140
	(9.995)	(9.974)	(9.946)
Shrz	−1.570	−1.501	−1.594
	(1.145)	(1.147)	(1.145)
常数项	−3951***	−3856***	−3774***
	(508.3)	(503.7)	(490.8)
样本数	630	630	630
R^2	0.191	0.189	0.191

注：*** 表示 $p<0.01$，** 表示 $p<0.05$。

（二）区分不同产权性质后风险承担与创新绩效回归结果分析

表5-5回归结果显示，非国有企业三种风险承担衡量指标与创新都显著正相关，表明非国有企业的风险承担水平越高，就越有助于创新。国有企业以日股票收益率标准差、周股票收益率标准差衡量风险时，风险承担与创新正相关但不显著；当以月收益率标准差衡量风险承担时，风险承担与创新显著正相关。结果表明，非国有企业和国有企业风险承担水平的提高都有助于创新绩效的提升，但非国有企业表现得更明显。可能的解释是，非国有企业机制更灵活，企业更加面向市场，面对市场的激烈竞争，更愿意冒险进行创新；而国有企业更加稳健，受到市场的压力较非国有企业小，从而承担的风险水平有限，也限制了创新绩效的提升。

表5-5 不同产权性质下风险承担与创新绩效回归结果

变量	Patent		Patent		Patent	
	非国有企业	国有企业	非国有企业	国有企业	非国有企业	国有企业
Rvsd	6936***	1046				
	(2515)	(1411)				
Zvsd			2294**	878.6		
			(933.9)	(625.5)		
Yvsd					947.8***	303.1*
					(357.9)	(176.9)

续表

变量	Patent		Patent		Patent	
	非国有企业	国有企业	非国有企业	国有企业	非国有企业	国有企业
Mer	129.7	-0.327	121.6	8.529	118.4	69.52
	(241.1)	(207.9)	(241.4)	(201.6)	(241.2)	(204.0)
Sagrowth	-0.0409	-98.87***	3.658	-103.8***	9.064	-100.6***
	(46.71)	(31.39)	(46.69)	(30.84)	(46.51)	(30.00)
Assetsturn	25.64	120.5***	21.19	121.9***	22.89	126.6***
	(53.57)	(30.48)	(53.67)	(29.69)	(53.60)	(29.40)
Size	428.4***	104.6***	427.5***	110.5***	426.6***	111.3***
	(40.22)	(20.41)	(40.38)	(19.79)	(40.18)	(18.96)
CF	-146.5	347.7**	-155.1	350.4**	-105.4	362.7***
	(234.2)	(132.0)	(234.5)	(128.4)	(235.5)	(126.6)
TbQ	3.873	-6.359	5.416	-6.944	6.008	-6.568
	(10.55)	(7.993)	(10.51)	(7.723)	(10.47)	(7.594)
Shrz	-1.650	0.664	-1.612	0.688	-1.807	0.838
	(1.490)	(0.699)	(1.494)	(0.680)	(1.488)	(0.676)
常数项	-4523***	-1233***	-4429***	-1308***	-4436***	-1310***
	(512.2)	(236.9)	(507.5)	(226.3)	(505.7)	(212.3)
样本数	575	55	575	55	575	55
R^2	0.226	0.919	0.224	0.923	0.226	0.926

注：*** 表示 $p<0.01$，** 表示 $p<0.05$，* 表示 $p<0.1$。

（三）区分不同专利类型后风险承担与创新绩效回归分析

从不同的专利类型看，表5-6显示，以日股票收益率衡量风险承担时，风险承担水平与发明专利显著正相关，并在1%的显著性水平下显著；与外观设计显著正相关，且在5%的显著性水平下显著，与实用新型正相关但不显著。表明，风险承担水平的提高，促进了发明专利和外观设计的创新绩效的提升。假设5-2得到了部分支持。

表5-7进一步区分非国有企业与国有企业后，非国有企业的日股票收益率与发明专利、外观设计显著正相关，国有企业风险承担水平与创新绩效正相关但不显著。表明非国有企业风险承担水平的提高，显著增加了公司的发明专利和外观设计。假设5-3-1和假设5-3-2得到了支持。

表 5-6　日股票收益率的波动与创新绩效回归结果

变量	Invent	UtilityM	Design
Rvsd	5761***	407.6	343.8**
	(2042)	(608.9)	(148.3)
Mer	161.8	-31.75	13.58
	(204.4)	(60.94)	(14.84)
Sagrowth	3.589	-9.408	-2.529
	(38.67)	(11.53)	(2.809)
Assetsturn	13.28	4.630	8.102***
	(42.01)	(12.53)	(3.051)
Size	246.9***	73.40***	14.57***
	(30.55)	(9.111)	(2.219)
CF	-152.4	120.1**	9.784
	(189.6)	(56.54)	(13.77)
Shrz	-1.438	-0.0995	-0.0323
	(1.019)	(0.304)	(0.0741)
TbQ	-0.0347	-0.246	0.761
	(8.898)	(2.654)	(0.646)
常数项	-2956***	-815.6***	-178.7***
	(452.6)	(135.0)	(32.88)
样本数	630	630	630
R^2	0.137	0.190	0.341

注：*** 表示 $p<0.01$，** 表示 $p<0.05$。

表 5-7　不同产权性质下日股票收益率的波动与创新绩效回归结果

变量	Invent		UtilityM		Design	
	非国有企业	国有企业	非国有企业	国有企业	非国有企业	国有企业
Rvsd	6100***	13.74	388.9	803.9	447.2***	228.0
	(2255)	(1082)	(671.1)	(701.8)	(154.6)	(642.8)
Mer	158.1	4.013	-41.80	-96.20	13.40	91.86
	(216.2)	(159.5)	(64.35)	(103.4)	(14.83)	(94.72)
Sagrowth	12.39	-36.68	-9.604	-56.47***	-2.828	-5.717
	(41.88)	(24.08)	(12.47)	(15.61)	(2.872)	(14.30)

续表

变量	Invent		UtilityM		Design	
	非国有企业	国有企业	非国有企业	国有企业	非国有企业	国有企业
Assetsturn	13.36	10.13	5.532	66.87 ***	6.749 **	43.53 ***
	(48.03)	(23.39)	(14.30)	(15.16)	(3.295)	(13.89)
Size	318.7 ***	71.81 ***	91.25 ***	16.61	18.45 ***	16.18 *
	(36.06)	(15.66)	(10.73)	(10.15)	(2.474)	(9.301)
CF	-253.5	187.4 *	111.2 *	46.49	-4.104	113.8 *
	(210.0)	(101.2)	(62.52)	(65.65)	(14.41)	(60.14)
Shrz	-1.625	0.734	-0.0562	-0.0613	0.0314	-0.00886
	(1.336)	(0.536)	(0.398)	(0.347)	(0.0916)	(0.318)
TbQ	2.901	-17.38 ***	0.371	2.025	0.601	8.999 **
	(9.456)	(6.132)	(2.815)	(3.976)	(0.649)	(3.642)
常数项	-3344 ***	-686.6 ***	-969.0 ***	-284.4 **	-210.4 ***	-261.9 **
	(459.2)	(181.8)	(136.7)	(117.9)	(31.50)	(108.0)
样本数	575	55	575	55	575	55
R^2	0.166	0.874	0.209	0.885	0.374	0.746

注：*** 表示 $p<0.01$，** 表示 $p<0.05$，* 表示 $p<0.1$。

以周股票收益率衡量风险承担时，表 5-8 显示，风险承担水平与发明专利、外观设计显著正相关，且都在 5% 的显著性水平下显著，与实用新型正相关但不显著。表明风险承担水平的提高，促进了发明专利和外观设计的创新绩效的提升。假设 5-2 得到了部分支持。

表 5-8　周股票收益率的波动与创新绩效回归结果

变量	Invent	UtilityM	Design
Zvsd	1811 **	246.7	126.6 **
	(769.6)	(228.9)	(55.80)
Mer	153.2	-31.44	13.21
	(204.7)	(60.88)	(14.84)
Sagrowth	6.636	-9.709	-2.428
	(38.70)	(11.51)	(2.806)

续表

变量	Invent	UtilityM	Design
Assetsturn	10.83	4.434	7.952***
	(42.09)	(12.52)	(3.052)
Size	244.2***	74.25***	14.57***
	(30.65)	(9.115)	(2.222)
CF	-157.8	120.1**	9.520
	(189.9)	(56.49)	(13.77)
Shrz	-1.380	-0.0925	-0.0284
	(1.022)	(0.304)	(0.0741)
TbQ	1.182	-0.274	0.816
	(8.886)	(2.643)	(0.644)
常数项	-2850***	-830.1***	-175.8***
	(448.7)	(133.5)	(32.54)
样本数	630	630	630
R^2	0.134	0.191	0.341

注：*** 表示 $p<0.01$，** 表示 $p<0.05$。

表 5-9 进一步区分非国有企业与国有企业后，非国有企业的日股票收益率与发明专利、外观设计显著正相关，国有企业风险承担水平与实用新型显著正相关。表明非国有企业风险承担水平的提高，显著增加了公司的发明专利和外观设计；国有企业风险承担水平的提高，显著增加了公司实用新型的数量。假设 5-3-1、假设 5-3-2 和假设 5-3-3 都得到了支持。

表 5-9 不同产权性质下周股票收益率的波动与创新绩效回归结果

变量	Invent		UtilityM		Design	
	非国有企业	国有企业	非国有企业	国有企业	非国有企业	国有企业
Zvsd	1874**	76.81	258.4	577.4*	161.5***	224.4
	(837.9)	(492.8)	(248.7)	(307.0)	(57.38)	(290.1)
Mer	150.3	6.300	-41.70	-92.66	12.93	94.89
	(216.6)	(158.8)	(64.29)	(98.94)	(14.83)	(93.52)

续表

变量	Invent		UtilityM		Design	
	非国有企业	国有企业	非国有企业	国有企业	非国有企业	国有企业
Sagrowth	16.25	-37.25	-9.946	-59.54 ***	-2.647	-7.055
	(41.89)	(24.30)	(12.43)	(15.13)	(2.868)	(14.30)
Assetsturn	9.660	10.29	5.091	67.68 ***	6.442 *	43.89 ***
	(48.15)	(23.39)	(14.29)	(14.57)	(3.297)	(13.77)
Size	316.7 ***	72.87 ***	92.30 ***	19.67 *	18.50 ***	17.95 *
	(36.23)	(15.59)	(10.75)	(9.711)	(2.481)	(9.178)
CF	-262.1	187.9 *	111.6 *	47.90	-4.572	114.6 *
	(210.4)	(101.2)	(62.45)	(63.03)	(14.41)	(59.58)
Shrz	-1.613	0.736	-0.0351	-0.0455	0.0358	-0.00266
	(1.341)	(0.536)	(0.398)	(0.334)	(0.0918)	(0.315)
TbQ	4.415	-17.38 ***	0.316	1.560	0.685	8.876 **
	(9.429)	(6.085)	(2.799)	(3.790)	(0.646)	(3.583)
常数项	-3242 ***	-700.7 ***	-980.7 ***	-322.4 ***	-206.1 ***	-284.9 **
	(455.4)	(178.3)	(135.2)	(111.1)	(31.18)	(105.0)
样本数	575	55	575	55	575	55
R^2	0.163	0.874	0.210	0.894	0.373	0.751

注：*** 表示 $p<0.01$，** 表示 $p<0.05$，* 表示 $p<0.1$。

以月股票收益率衡量风险承担时，如表5-10所示，风险承担水平与发明专利、实用新型、外观设计都显著正相关，且都在5%的显著性水平下显著；表明，风险承担水平的提高，促进了发明专利、实用新型及外观设计创新绩效的提升。假设5-2得到了部分支持。

表5-10　月股票收益率的波动与创新绩效回归结果

变量	Invent	UtilityM	Design
Yvsd	652.8 **	219.6 **	53.91 **
	(295.9)	(87.57)	(21.42)
Mer	152.3	-28.94	13.31
	(204.8)	(60.62)	(14.83)

续表

变量	Invent	UtilityM	Design
Sagrowth	12.07	-9.462	-2.079
	(38.59)	(11.42)	(2.794)
Assetsturn	12.15	4.807	8.057***
	(42.11)	(12.46)	(3.049)
Size	242.2***	76.75***	14.61***
	(30.57)	(9.047)	(2.213)
CF	-124.5	132.4**	12.34
	(190.9)	(56.48)	(13.82)
Shrz	-1.453	-0.108	-0.0338
	(1.022)	(0.303)	(0.0740)
TbQ	1.737	-0.436	0.839
	(8.876)	(2.627)	(0.643)
常数项	-2742***	-861.0***	-171.1***
	(438.0)	(129.6)	(31.71)
样本数	630	630	630
R^2	0.133	0.198	0.342

注：*** 表示 $p<0.01$，** 表示 $p<0.05$。

表 5-11 进一步区分非国有企业与国有企业后，非国有企业的日股票收益率与发明专利、实用新型、外观设计显著正相关，国有企业风险承担水平与实用新型显著正相关。表明非国有企业风险承担水平的提高，显著增加了公司的发明专利、实用新型和外观设计；国有企业风险承担水平的提高，显著增加了公司实用新型的数量。假设 5-3-1、假设 5-3-2 和假设 5-3-3 得到了支持。

表 5-11 不同产权性质下月股票收益率的波动与创新绩效回归结果

变量	Invent		UtilityM		Design	
	非国有企业	国有企业	非国有企业	国有企业	非国有企业	国有企业
Yvsd	652.2**	113.5	227.2**	179.0*	68.44***	10.60
	(321.7)	(140.1)	(94.98)	(87.35)	(21.97)	(84.48)

续表

变量	Invent		UtilityM		Design	
	非国有企业	国有企业	非国有企业	国有企业	非国有企业	国有企业
Mer	146.9	37.53	-41.18	-58.58	12.73	90.58
	(216.8)	(161.5)	(64.00)	(100.7)	(14.80)	(97.40)
Sagrowth	21.22	-37.97	-9.884	-57.15 ***	-2.274	-5.446
	(41.80)	(23.75)	(12.34)	(14.81)	(2.855)	(14.32)
Assetsturn	11.27	12.61	5.069	70.36 ***	6.559 **	43.64 ***
	(48.18)	(23.28)	(14.23)	(14.52)	(3.291)	(14.04)
Size	313.6 ***	76.92 ***	94.58 ***	19.25 *	18.48 ***	15.09
	(36.11)	(15.01)	(10.66)	(9.361)	(2.466)	(9.054)
CF	-229.9	194.3 *	125.4 **	54.78	-0.958	113.7 *
	(211.7)	(100.2)	(62.50)	(62.51)	(14.46)	(60.45)
Shrz	-1.790	0.799	-0.0390	0.0415	0.0224	-0.00284
	(1.337)	(0.535)	(0.395)	(0.334)	(0.0913)	(0.323)
TbQ	5.145	-17.20 ***	0.140	1.774	0.724	8.861 **
	(9.414)	(6.014)	(2.780)	(3.750)	(0.643)	(3.627)
常数项	-3209 ***	-752.2 ***	-1020 ***	-312.0 ***	-207.2 ***	-246.0 **
	(454.5)	(168.1)	(134.2)	(104.8)	(31.04)	(101.4)
样本数	575	55	575	55	575	55
R^2	0.161	0.877	0.217	0.896	0.376	0.745

注：*** 表示 $p<0.01$，** 表示 $p<0.05$，* 表示 $p<0.1$。

（四）股权激励对风险承担与创新绩效关系的作用

1. 股权激励的调节效应

上述分析表明，风险承担对创新绩效具有正向影响。那么，是否公司的风险可以无限度地增大以追求创新绩效？股权激励对此是否存在一定的调节效应？为进一步对此进行考察，进行回归分析，结果如表5－12所示。

表 5－12　　　　　　　　　回归分析

变量	Patent	Patent	Patent
BL	56.95 **	34.03	55.39 ***
	(27.08)	(24.62)	(20.60)

续表

变量	Patent	Patent	Patent
Rvsd	11009 *** (3370)		
Brsd	-1707 * (897.9)		
Bvsd		2953 ** (1147)	
Bzsd		-924.8 (811.0)	
Yvsd			1716 *** (466.3)
Bysd			-358.2 ** (146.5)
Mer	154.6 (229.6)	132.4 (230.2)	146.4 (228.9)
Sagrowth	-13.10 (43.64)	-9.247 (43.75)	-5.969 (43.39)
Assetsturn	24.99 (47.54)	18.96 (47.63)	26.57 (47.48)
CF	-18.33 (212.5)	-28.81 (213.2)	26.29 (212.9)
Shrz	-1.304 (1.150)	-1.290 (1.155)	-1.449 (1.144)
TbQ	0.443 (10.09)	2.781 (10.07)	3.765 (9.984)
Size	343.9 *** (34.55)	338.7 *** (34.63)	341.8 *** (34.37)
常数项	-4234 *** (524.8)	-3987 *** (511.8)	-3966 *** (494.0)
样本数	630	630	630
R^2	0.198	0.192	0.201

注：*** 表示 $p<0.01$，** 表示 $p<0.05$，* 表示 $p<0.1$。

通过表 5-12 回归分析发现，激励幅度（BL）与三种风险衡量指标的交乘项系数都显著为负，表明激励幅度对风险承担与创新绩效的关系存在调节效应，假设 5-1 得到了验证。即经理人会因环境的变化而改变风险态度，当风险增大到一定程度时，不会再选择风险较大的创新项目。

进一步区分国有企业与非国有企业，如表 5-13 所示，非国有企业中激励幅度与三种风险衡量指标的交乘项系数都显著为负，表明非国有企业中，股权激励幅度对风险承担与绩效的关系存在负向调节效应，验证了假设 5-2-1。在国有企业中，股权激励幅度与三种风险衡量指标的交乘项都为正，但不显著，可能的原因是国有企业实施股权激励的企业还比较少，随着国有企业推行股权激励计划的力度加大，将有助于对假设 5-2-2 进一步支持。

表 5-13　　　　　　　　区分不同企业性质的回归分析

变量	Patent		Patent		Patent	
	非国有企业	国有企业	非国有企业	国有企业	非国有企业	国有企业
BL	62.53 **	-36.32	35.61	-23.18	56.53 **	-12.97
	(29.48)	(34.68)	(26.37)	(32.77)	(22.04)	(17.43)
Rvsd	11975 ***	912.9				
	(3730)	(1812)				
Brsd	-1875 *	1943				
	(971.9)	(1558)				
Zvsd			3057 **	1083		
			(1226)	(777.7)		
Bzsd			-953.1	1443		
			(860.1)	(1478)		
Yvsd					1753 ***	246.0
					(504.8)	(223.9)
Bysd					-359.0 **	212.9
					(155.7)	(179.2)
Mer	140.0	25.82	117.2	49.34	124.8	146.2
	(241.2)	(208.5)	(241.8)	(199.9)	(240.6)	(204.6)

续表

变量	Patent		Patent		Patent	
	非国有企业	国有企业	非国有企业	国有企业	非国有企业	国有企业
Sagrowth	-6.897	-109.8***	-1.137	-115.1***	0.197	-105.0***
	(46.92)	(31.71)	(47.02)	(30.88)	(46.69)	(29.50)
Assetsturn	28.09	125.9***	16.77	130.9***	26.40	142.2***
	(54.36)	(31.13)	(54.37)	(30.15)	(54.29)	(30.19)
CF	-147.2	312.0**	-160.9	311.5**	-102.5	316.2**
	(233.7)	(132.3)	(234.5)	(127.7)	(234.5)	(126.9)
Shrz	-1.603	0.760	-1.577	0.795	-1.846	1.050
	(1.486)	(0.692)	(1.494)	(0.669)	(1.481)	(0.673)
TbQ	3.206	-2.029	6.458	-1.998	7.387	-2.011
	(10.70)	(8.527)	(10.63)	(8.077)	(10.53)	(7.903)
Size	434.6***	126.6***	431.9***	133.2***	431.3***	126.5***
	(40.33)	(24.28)	(40.55)	(23.45)	(40.24)	(20.51)
常数项	-4883***	-1468***	-4636***	-1572***	-4730***	-1490***
	(547.6)	(281.8)	(535.7)	(268.0)	(524.4)	(233.4)
样本数	575	55	575	55	575	55
R^2	0.233	0.927	0.227	0.932	0.235	0.934

注：*** 表示 $p<0.01$，** 表示 $p<0.05$，* 表示 $p<0.1$。

2. 股权激励的作用路径

上述分析说明，股权激励是授予比例对风险承担与创新绩效起到了相应的调节效应，表明授予的股权激励计划幅度越大，就越对风险性项目有一定的控制作用，从而随着企业风险承担水平的增加，不会再从事风险性较高的创新项目，导致创新的减少。因为研发投入对创新绩效影响显著（柏青、罗守贵，2014；严焰、池仁勇，2013），且文献中也有以研发投入来考察企业的风险项目（Bova et al.，2015；Coles et al.，2006；huang et al.，2013），那么，授予了经理人股权激励计划，是否对影响风险和创新的研发项目有一定的控制作用？

为进一步对此进行检验，如表5-14所示，将授予了股权激励计划的公司按授予比例分成两组，G1 为低于授予比例中位数的样本组，G2 为高于授予比例中位数的样本组。结果显示，两组的研发投入均值相等，没有差异，回归结果也显示，授予比例与研发投入关系不显著，表明并没有随着授予比例的增加，研发投入也相应地增加，进一步验证了本书假设，即授予比例的增加并没有让公司增加风险去追求创新的绩效增加，授予的股权激励对风险承担与创新绩效具有相应的调节效应。

表 5-14　　　　　　　　　按授予比例分组检验

变量	G1	均值1	G2	均值2	均值差
RD	304	0.00300	308	0.00300	0

（五）稳健性检验

1. 改变风险承担的衡量方法

与前文一致，本部分也采用经过行业和年度调整后的 ROA 三年度的标准差（bzcroadj）作为风险承担的衡量，采用滞后 2 期的申请专利数（patent2）[①] 作为被解释变量，进行稳健性检验。表 5-15 显示，风险承担与创新绩效正相关，但不显著，一定程度上支持了本书的结论。

表 5-15　　　　　　　　　风险承担对创新绩效的影响

变量	Patent2	Patent2
Bzcroadj	1.255 (23.07)	1.583 (23.78)
Managerfee		161.5 (454.2)
Salegrowth		118.9 (108.1)
Assetturn		25.43 (97.43)
Size		485.7*** (83.02)

---

① 因 bzcroadj 为三年度的标准差，应是对三年中的最后一年的专利申请有影响，因此选择的数据为滞后 2 期的。

续表

变量	Patent2	Patent2
CF		-351.2
		(511.0)
Shrz		-4.816
		(3.761)
TbQ		4.493
		(24.75)
常数项	77.89***	-6073***
	(28.92)	(1144)
样本数	296	296
R^2	0.000	0.171

注：*** 表示 $p<0.01$。

2. 改变专利的衡量方法

上文中采用的是专利申请数，进一步采用有效专利数进行稳健性检验。表 5-16 的回归结果显示，授予了股权激励计划的公司，风险承担与有效专利显著正相关；授予了股权激励计划的样本公司，授予比例与风险承担交乘项系数为负且不显著。代入以周、月股票收益率表示的风险承担也得到类似的结果，这在一定程度上支持了本书的结论。

表 5-16　　　　　　　　有效专利的回归分析

变量	Patent1	Patent1
Rvsd	11502**	12078
	(5145)	(7513)
BL		12.10
		(61.57)
Bzsd		-254.0
		(2072)
Mer	317.7	313.0
	(508.9)	(512.0)

续表

变量	Patent1	Patent1
Sagrowth	-158.2*	-161.3*
	(95.63)	(96.48)
Assetturn	29.24	26.21
	(104.7)	(106.2)
Size	636.1***	639.3***
	(75.65)	(76.46)
Shrz	2.706	2.796
	(2.514)	(2.536)
CF	36.11	36.22
	(469.9)	(470.7)
TbQ	-3.762	-3.098
	(22.16)	(22.42)
Brd		-254.0
		(2072)
常数项	-7498***	-7558***
	(1120)	(1160)
样本数	618	618
R^2	0.198	0.198

注：*** 表示 $p<0.01$，** 表示 $p<0.05$，* 表示 $p<0.1$。

结　论

本章研究表明，基于授予股权激励计划的样本，发现风险承担的增加，有助于创新绩效的增加，且风险承担与创新绩效显著呈正相关关系，在非国有企业样本中表现得更明显。区分不同的专利类型后，综合三种衡量风险承担指标，风险承担水平的增加显著增加了发明专利和外观设计，特别是在非国有企业中表现得更明显，而国有企业表现为风险承担水平的增加显著增加了实用新型的数量。

研究结果表明，非国有企业与国有企业因其风险态度的不同，对创新的影响也不同，选择创新的类型也不同。国有企业虽然选择了风险低、见效快的创新类型，但从长远来看，面对经济转型和激烈的国际竞争，还需要进一步贴近市场，提高技术创新的难度。非国有企业非常注重高收益高风险的发明专利和贴近市场需求的外观设计，但也需要进一步发挥实用新型的作用。

研究发现，股权激励幅度在风险承担与创新绩效的关系中发挥了调节效应。即在一定的风险范围内，体现为风险承担越高，越有助于创新，但考虑到激励幅度的调节后，表现为风险的增加导致创新的减少，体现了对行为代理理论一定的支持。即经理人的风险态度并不是一以贯之的，会随着环境情景的改变而改变，当经理人意识到风险已经增加到了一定程度时，就不会再选择风险较高的创新项目，表现为随着风险承担的增加而创新绩效的减少。

此外，在国有企业和非国有企业中，经理人的激励幅度越大，对风险承担与创新的关系表现为截然相反的形式：在非国有企业中，激励幅度对风险承担与创新的关系存在负向调节效应；在国有企业中，激励幅度对风险承担与创新的关系存在正向调节效应。本书的研究表明，在考虑风险承担与创新绩效的关系时，需要考虑不同企业的风险承担水平，以及激励水平不同的影响。

本章研究的意义在于，构建了风险承担与创新绩效关系的理论分析框架，并进行了实证检验。现有的分析框架主要是从管理者与核心技术人员个人层面的风险承担意愿出发，本书首先从企业整体的风险承担水平出发，梳理了风险承担对创新绩效影响的逻辑。其次凸显了行为代理理论对我国股权激励计划作用的解释力。不同于现有文献普遍采用的委托—代理理论，本书引入行为代理理论对股权激励计划的调节效应进行解释，丰富了股权激励研究的相关理论。但本书研究也显示，实施股权激励计划的公司占整体上市公司的比重还不大，特别是国有企业实施的数量还非常少。上市公司的监管还需进一步简政放权，放松管制，加强监管，逐步形成公司自主决定的、市场约束有效的上市公司股权激励制度。

第六章　股权激励是否导致了过度风险承担？
——基于经济后果的再考察

上文研究表明，与股票及股票波动率相联系的股权激励改变了经理人的风险态度，提高了公司的风险承担水平，公司风险承担水平的提高有助于提升公司的创新绩效。但是，风险承担水平过高，公司采取非常冒险激进的行为，反倒对公司不利。如在调查2008年国际金融危机爆发的原因时，银行业高层管理者承认，在金融危机爆发前，采取了过度冒险的做法。[1] 国外一些学者的研究也表明，股权激励可能导致了公司过度的风险承担，从而造成不利的后果。如Samuelson和Stout（2009）认为，股票期权导致了过度的冒险，从而导致了2008年国际金融危机。现有文献除关注一定的风险承担水平有助于提升企业绩效和经济增长外，也开始关注过度的风险导致不利的后果，如董保宝（2014）研究发现，规避风险和过度风险承担都会导致绩效的降低，即风险平衡将是新企业的最佳选择。但这类文献比较有限，也没有从中国实施股权激励制度的角度考察，且未考察过度风险对创新的经济后果。那么，我国实施的股权激励制度是否导致了公司过度的风险承担？若过度承担了风险，对创新又有何影响？授予经理人股权激励后，是否对公司的过度风险也存在一定的监督或控制，对风险承担与创新的关系存在一定的调节效应？目前，还未有文献从此角度进行考察，本章将采用与前文不同的视角，考察股权激励是否造成了过度的风险承担，以及研究过度风险的不利后果，从而更有利于合理评价现行的股权激励制度，并以我国的经验对股权激励与风险的研究做有益的补充。

---

[1] 张然：《美国开始调查金融危机"元凶"四大行CEO认错》，2010年1月15日，http://finance.sina.com.cn/roll/20100115/12007251312.shtml。

第一节 理论分析与研究假设

我国的股权激励计划与国外实施的经理人期权计划存在较大差异。

首先,从实施股权激励计划的激励幅度来看,我国实施的股权激励计划比例并不高,《上市公司股权激励管理办法(试行)》规定,上市公司全部有效的股权激励计划所涉及的标的股票总数累计不得超过公司股本总额的10%,任何一名激励对象通过股权激励计划获授的股票累计也不得超过公司股本总额的1%,因此,不同于其他国家和地区实施的比例较高、经理人持有的股票期权过多、有较大动机为了获取超额收益而过度冒险的情况。

其次,我国上市公司实施股权激励计划要依次经过董事会、股东大会的审议。从股权代理成本来看,因持股超过5%的股东不能成为激励对象,那么大股东从自身利益出发,为了保证经理人按照自身的利益行事,自然会对实施激励的比例、对象、行权条件进行审查,也会从公司的实际情况出发,决定是否实施股权激励。而随着中小股东其自我利益保护的意识逐步增强,在独立董事选择、董事任免以及股东大会决策中利益诉求表达的意愿也逐步增强,而上市公司实施股权激励计划要经过股东大会的批准,也会从自身利益出发考虑是否在股东大会上赞成股权激励计划。因此,基于股权代理成本,大股东和中小股东都会考虑实施股权激励计划是否对公司有不利影响,让自身财富遭受损失,从而不会支持让公司冒较大风险的股权激励计划。

最后,我国对限制性股票的解锁以及股票期权计划的行权都有一定的规定,如《股权激励有关事项备忘录1号》规定,行权指标不得低于历史水平。且实施股权激励计划对公司和人员授予条件有严格要求,不符合条件的公司也不能实施股权激励计划。因此,风险水平过高的公司因不符合规定并没有实施股权激励计划。本书认为,授予了股权激励计划公司的风险承担水平低于未实施股权激励计划公司的风险承担水平。据此,提出以下假设:

假设6-1-1:未实施股权激励计划公司的风险承担水平较实施了股权激励计划公司的风险承担水平更高。

假设6-1-2：公司实施股权激励计划并没有造成公司过度的风险承担。

一定的风险承担水平有助于创新，那么，过度的承担风险对创新又有何影响呢？当公司风险承担水平超过一定的限度、选择项目时过度冒险，则有可能选择到没有市场前景、技术难度非常大并且不易成功的项目，项目失败的可能性大大增加，从而不利于创新。

通过股权激励使经理人的利益与公司业绩紧密地联系起来，增强了经理人对影响公司利益决策的关心和判断。为了提升企业业绩和增强竞争力，经理人更愿意创新。因此，授予股权激励计划有助于公司创新。并且授予了经理人股权激励计划后，经理人出于自身财富安全和职业生涯的考虑，也会很关注公司的风险承担水平，不会让公司过度冒险，从而影响自身的财富安全。因此，授予了经理人股权激励计划的公司，在与股东利益一致的经理人的监督和控制下，公司的风险承担水平在可接受的范围内，从而有助于企业的创新；而未实施股权激励计划的公司，由于经理人缺乏管理者身份，对公司的风险承担水平的影响和控制较小，从而公司可能有较高的风险承担水平，反而不利于公司创新。据此，提出以下假设：

假设6-2-1：过度的风险承担不利于创新，即过度的风险承担与创新负相关。

假设6-2-2：实施股权激励计划的公司，风险承担与创新绩效正相关；未实施股权激励计划的公司，风险承担与创新绩效负相关。

第二节　研究设计

一　样本选取及数据来源

为检验上述假设，本书采取包含实施股权激励和未实施股权激励的整个样本进行检验。为保证本书研究数据前后的一致性，本书将2006—2014年有风险承担和创新绩效数据的上市公司作为全样本，共7521个公司。整个样本根据授予股权激励计划的情况区分为实施股权激励计划的子样本和未实施股权激励计划的子样本。实施股权激励计划的子样本共630个公司，未实施股权激励计划的子样本共6891个公司。

样本选择中已删除了风险承担和创新绩效以及控制变量有缺失值的公司、ST公司。样本数据为混合截面数据。股权激励数据、计算风险承担的股票回报率数据以及控制变量数据都来源于国泰安数据库,主要采用了实施股权激励计划的子样本与未实施股权激励计划子样本的配对检验以及整个样本回归的方法。所有数据均采用 Excel 和 Stata12.1 方法处理而得。

二 研究变量及其说明

（一）被解释变量

首先,本部分检验实施股权激励是否造成过度的风险承担,被解释变量为公司风险承担,与上文方法一致,本书首先采用常用股票收益率的波动衡量公司风险承担,即采用年度的日收益标准差（Rvsd）、周收益率标准差（Zvsd）和月收益率标准差（Yvsd）分别衡量公司当年的风险承担水平。

其次,为检验过度风险承担的后果,是否对创新造成了不利影响,采用当年授予的专利数为被解释变量。

（二）解释变量

为检验实施股权激励计划是否造成了过度的风险承担,选取是否授予股权激励计划为解释变量,当年度授予了股权激励计划取值为1,未授予股权激励计划取值为0;为检验过度风险承担的后果,采用风险承担水平作为解释变量。

此外,与上文一致,选择管理费用率（Mer）、营业收入增长率（Sagrowth）、总资产周转率（Assetsturn）、股权制衡度（Shrz）、资产规模（Size）、公司现金流（CF）以及托宾Q值（TbQ）作为控制变量。因本书的数据为混合截面数据,也对行业进行控制。

三 模型设计

$$vsd_{i,j} = \beta_1 SY_{i,j} + \alpha + \varepsilon \tag{6-1}$$

$$vsd_{i,j} = \beta_1 SY_{i,j} + \beta_2 Mer_{i,j} + \beta_3 Sagrowth_{i,j} + \beta_4 Assetsturn_{i,j} + \beta_5 Shrz_{i,j} +$$
$$\beta_6 Size_{i,j} + \beta_7 CF_{i,j} + \beta_8 TbQ_{i,j} + \sum_{K=1}^{42} \beta_{8+k} Indcd_K + \alpha + \varepsilon \tag{6-2}$$

$$Patent_{i,j} = \beta_1 vsd_{i,j} + \alpha + \varepsilon \tag{6-3}$$

$$Patent_{i,j} = \beta_1 vsd_{i,j} + \beta_2 Mer_{i,j} + \beta_3 Sagrowth_{i,j} + \beta_4 Assetsturn_{i,j} + \beta_5 Shrz_{i,j}$$

$$+ \beta_6 Size_{i,j} + \beta_7 CF_{i,j} + \beta_8 TbQ_{i,j} + \sum_{K=1}^{42} \beta_{8+k} Indcd_K + \alpha + \varepsilon \qquad (6-4)$$

模型（6-1）和模型（6-2）主要考虑分析股权激励计划是否授予对风险承担的影响，依次代入日股票收益率标准差、周股票收益率标准差以及月股票收益率标准差进行检验。模型（6-1）未加入控制变量，模型（6-2）考虑了控制变量的影响。模型（6-3）和模型（6-4）主要分析整个样本风险承担对创新绩效的影响，模型（6-3）未加入控制变量，模型（6-4）分析控制变量的影响。变量符号、变量含义及说明与上文一致，此处不再赘述。

第三节 实证检验

一 股权激励计划授予是否导致了过度风险的检验

（一）两样本 T 检验

首先，为考察授予股权激励计划是否导致了过度风险承担，将未授予股权激励计划公司（G3）与授予了股权激励计划公司的样本（G4）进行配对检验，结果如表 6-1 所示。

表 6-1　　　　　　　　　两样本对比检验

变量	G3	均值1	G4	均值2	均值差
Rvsd	6891	0.0300	630	0.0270	0.002***
Zvsd	6891	0.0640	630	0.0580	0.006***
Yvsd	6891	0.132	630	0.123	0.009***

注：*** 表示 $p<0.01$。

通过实施股权激励计划公司与未实施股权激励计划公司的样本风险承担水平的比较发现，未实施股权激励计划公司的三种风险衡量指标均值都高于实施股权激励计划公司的风险承担均值，并且差异显著。结果支持假设6-1-1，即未授予股权激励计划公司的风险承担水平与授予了股权激励计划公司的风险承担水平相比，前者显著更高，实施股权激励计划并没有造成公司过度的风险承担。

(二) 是否授予股权激励计划对风险承担的回归结果

由上述分析可知，未授予股权激励计划公司的样本组风险承担水平显著高于授予股权激励计划公司的样本组，那么是否授予股权激励计划对风险承担有一定的影响？回归结果如表 6-2 所示。

表 6-2　　是否授予股权激励计划对风险承担的影响

变量	Rvsd	Rvsd	Zvsd	Zvsd	Yvsd	Yvsd
SY	-0.00231***	-0.00257***	-0.00571***	-0.00641***	-0.00924***	-0.0104***
	(0.000477)	(0.000467)	(0.000947)	(0.000919)	(0.00229)	(0.00226)
Mer		-0.000204		0.000344		0.00319***
		(0.000174)		(0.000341)		(0.000837)
Sagrowth		0.00139***		0.00400***		0.00639***
		(0.000283)		(0.000556)		(0.00136)
Assetturn		0.00121***		0.00251***		0.00175
		(0.000310)		(0.000609)		(0.00149)
Size		-0.00499***		-0.00956***		-0.0155***
		(0.000307)		(0.000604)		(0.00148)
CF		0.00188		0.00212		-0.0105
		(0.00190)		(0.00373)		(0.00915)
Shrz		2.85e-05***		6.11e-05***		0.000118***
		(4.37e-06)		(8.60e-06)		(2.11e-05)
TbQ		0.000513***		0.00146***		0.00400***
		(9.14e-05)		(0.000180)		(0.000441)
常数项	0.0298***	0.0763***	0.0638***	0.151***	0.132***	0.295***
	(0.000138)	(0.0114)	(0.000274)	(0.0223)	(0.000663)	(0.0548)
样本数	7521	7521	7521	7521	7521	7521
R^2	0.003	0.091	0.005	0.109	0.002	0.081

注：*** 表示 $p<0.01$。

基于表 6-2 中的回归结果，可以发现，是否授予股权激励计划与三种风险衡量指标都显著负相关，表明越实施股权激励计划，风险承担水平就越低。回归结果也都支持假设 6-1-1 和假设 6-1-2，即股权激励计划的授予并没有造成过度冒险。

二 过度风险对创新绩效的影响

合理的风险承担水平有助于创新,那么过度风险承担的经济后果又如何呢?为进一步考察过度风险的经济后果,采用创新绩效作为被解释变量,风险承担作为解释变量,进一步进行回归分析,结果如表6-3所示。

表6-3　过度风险对创新绩效的不利影响

变量	Patent	Patent	Patent	Patent	Patent	Patent
Rvsd	-1303***	-143.7				
	(222.7)	(209.3)				
Zvsd			-722.6***	-132.6		
			(112.1)	(106.3)		
Yvsd					-222.6***	-38.92
					(46.44)	(43.41)
Mer		0.740		0.816		0.893
		(3.141)		(3.141)		(3.144)
Sagrowth		-15.80***		-15.48***		-15.75***
		(5.123)		(5.131)		(5.122)
Assetturn		24.46***		24.62***		24.36***
		(5.612)		(5.612)		(5.606)
Size		147.4***		146.8***		147.5***
		(5.663)		(5.657)		(5.605)
CF		-36.04		-36.08		-36.72
		(34.31)		(34.31)		(34.32)
Shrz		-0.238***		-0.234***		-0.238***
		(0.0793)		(0.0793)		(0.0792)
TbQ		6.827***		6.943***		6.909***
		(1.655)		(1.658)		(1.660)
常数项	82.62***	-1334	89.80***	-1325	73.23***	-1334
	(7.069)	(206.2)	(7.539)	(206.2)	(6.599)	(206.0)
样本数	7521	7521	7521	7521	7521	7521
R^2	0.005	0.205	0.005	0.205	0.003	0.205

注:*** 表示 $p<0.01$。

首先，基于授予股权激励计划公司与未授予股权激励计划公司的整个样本，考察过度风险承担对创新绩效的影响。表6-3的回归结果显示，不考虑控制变量时，无论是采用日股票收益率标准差，还是周股票收益率标准差和月股票收益率标准差，都显示过度风险承担与创新绩效显著负相关，考虑了控制变量后，三种衡量风险的指标与创新绩效负相关但不显著。结论一定程度上支持假设6-2-1，即过度风险承担对创新是负向的，风险越高越不利于创新，假设6-2-1得到了支持。

其次，依据是否授予股权激励计划区分不同样本进行分析。表6-3结果显示，整个样本的风险承担与创新绩效负相关，但表6-4将样本区分为授予股权激励计划公司和未授予股权激励计划公司后，就会发现，授予了股权激励计划公司的样本，风险承担与创新绩效显著正相关；未授予股权激励计划公司的样本，风险承担与创新绩效显著负相关。而未授予股权激励计划公司的风险承担水平显著高于授予股权激励计划公司，因此，结果表明，在一定的风险范围内，风险承担与创新绩效正相关；在超过一定的限度后，风险承担与创新绩效负相关。

表6-4　　　　有无授予情况下风险承担对创新绩效的影响

变量	Patent		Patent		Patent	
	未授予	授予	未授予	授予	未授予	授予
Rvsd	-289.6 (198.8)	6493*** (2296)				
Zvsd			-206.4** (102.1)	2196** (864.9)		
Yvsd					-70.63* (41.80)	927.3*** (332.1)
Mer	0.612 (2.959)	145.9 (230.4)	0.735 (2.959)	137.4 (230.6)	0.888 (2.961)	137.6 (230.4)
Sagrowth	-16.31*** (4.921)	-8.065 (43.51)	-15.86*** (4.931)	-5.309 (43.51)	-16.24*** (4.921)	0.652 (43.32)
Assetturn	25.04*** (5.404)	31.77 (47.26)	25.18*** (5.403)	28.71 (47.32)	24.78*** (5.398)	31.09 (47.27)

续表

变量	Patent 未授予	Patent 授予	Patent 未授予	Patent 授予	Patent 未授予	Patent 授予
Size	136.2***	331.2***	135.7***	329.6***	136.6***	330.2***
	(5.533)	(34.24)	(5.528)	(34.34)	(5.477)	(34.19)
CF	−39.72	−28.38	−39.77	−33.68	−40.79	13.83
	(33.49)	(213.4)	(33.49)	(213.6)	(33.49)	(214.3)
Shrs	0.448**	0.745	0.431**	0.707	0.436**	0.837
	(0.177)	(1.097)	(0.177)	(1.099)	(0.177)	(1.098)
TbQ	6.386***	−0.0881	6.563***	1.163	6.546***	1.498
	(1.626)	(10.03)	(1.630)	(10.01)	(1.633)	(9.984)
常数项	−1456***	−3936***	−1448***	−3845***	−1460***	−3763***
	(196.1)	(509.7)	(196.1)	(505.1)	(195.9)	(492.4)
样本数	6891	630	6891	630	6891	630
R^2	0.223	0.189	0.223	0.187	0.223	0.189

注：*** 表示 $p<0.01$，** 表示 $p<0.05$，* 表示 $p<0.1$。

三 是否授予股权激励计划对风险承担与创新绩效关系的影响

（一）股权激励计划是否授予的调节效应

上文分析显示，过度风险对创新绩效具有不利影响，那么授予股权激励计划是否对此存在一定的调节效应呢？对此，将通过是否授予以及是否授予与风险承担的交乘项进行分析。

从表6-5可以看出，授予股权激励计划与创新显著正相关，即授予与股东利益一致的股权激励计划，有助于提高公司的创新水平。

表6-5　　　　　　　是否授予对创新绩效的影响

变量	Patent	Patent
SY	19.05**	21.86***
	(9.244)	(8.456)
Mer		0.851
		(3.140)

续表

变量	Patent	Patent
Sagrowth		-16.53***
		(5.118)
Assetturn		24.42***
		(5.604)
Size		147.9***
		(5.563)
CF		-38.34
		(34.31)
Shrz		-0.233***
		(0.0791)
TbQ		6.522***
		(1.654)
常数项	42.47***	-1343***
	(2.675)	(205.5)
样本数	7521	7521
R^2	0.001	0.206

注：*** 表示 $p<0.01$，** 表示 $p<0.05$。

表6-6中，Srsd、Szsd、Sysd分别为授予与日股票收益率标准差、周股票收益率标准差、月股票收益率标准差的交乘项。结果表明，股权激励计划对风险承担与创新绩效的关系有显著的调节效应，通过授予经理人股权激励计划，经理人与股东利益更加一致，实施股权激励有助于提升风险承担与创新绩效的关系，即授予股权激励计划，风险承担水平的增加也同样增加了企业的创新绩效。

（二）是否授予股权激励计划的作用路径

上文分析显示，股权激励授予风险承担与创新绩效起到了相应的调节效应，那么是通过何种途径实现的？为试图进一步探求其作用路径，本部分通过将授予了股权激励计划公司的样本与未授予股权激励计划公司的样本分组分析其风险项目决策。文献中一般以财务杠杆、资本支出、研发投入来考察企业的风险项目（Bova et al.，2015；Coles et al.，2006；Huang et al.，2013），上文研究表明，股权激励的幅度显著影响了企业的财务杠杆、资本支出风险项目，而对研发投入的影响不大，本部分将进一步检验是否授予股权激励计划对这些风险项目的影响。

表 6 – 6　　　　是否授予对风险承担与创新绩效的影响

变量	Patent	Patent	Patent
SY	−68.38 * (37.47)	−45.21 (31.08)	−42.31 (25.92)
Rvsd	−176.1 (211.3)		
Srsd	3272 ** (1328)		
Zvsd		−154.2 (108.4)	
Szsd		1140 ** (513.9)	
Yvsd			−56.16 (44.34)
Sysd			519.9 *** (199.6)
Mer	0.890 (3.139)	0.960 (3.139)	1.070 (3.142)
Sagrowth	−16.64 *** (5.125)	−16.21 *** (5.134)	−16.39 *** (5.123)
Assetturn	24.79 *** (5.609)	24.90 *** (5.609)	24.67 *** (5.603)
Size	147.8 *** (5.662)	147.1 *** (5.656)	147.9 *** (5.604)
CF	−37.59 (34.30)	−37.65 (34.30)	−36.82 (34.31)
Shrz	−0.230 *** (0.0793)	−0.225 *** (0.0794)	−0.228 *** (0.0792)

续表

变量	Patent	Patent	Patent
Tbq	6.501***	6.674***	6.707***
	(1.657)	(1.660)	(1.662)
常数项	-1337***	-1326***	-1334***
	(206.1)	(206.1)	(205.8)
样本数	7521	7521	7521
R^2	0.206	0.206	0.207

注：*** 表示 $p<0.01$，** 表示 $p<0.05$，* 表示 $p<0.1$。

表 6-7 和表 6-8 中两样本资本支出和财务杠杆对比分析发现，未授予股权激励计划公司的样本资产负债率显著高于实施了股权激励计划公司的样本，进一步回归结果也显示，授予与资产负债率显著负相关，表明未授予股权激励计划公司的样本显著更高的风险主要是由于财务杠杆风险较高，而实施股权激励计划对此风险有一定的控制作用；两样本研发投入对比分析发现，未授予股权激励计划公司的样本研发投入显著低于授予了股权激励计划公司，授予与研发投入显著正相关。表明授予了股权激励计划公司，控制了财务杠杆，增加了与创新相关的研发投入，从而有助于创新绩效的增加。

表 6-7　　是否授予股权计划两样本风险项目对比

变量	G3	均值1	G4	均值2	均值差
Outcapb	6891	0.132	630	0.133	0
Leverage	6891	0.440	630	0.340	0.100***
RD	6374	0.002	612	0.003	-0.001***

注：部分样本缺失研发数据，进行了扣除。*** 表示 $p<0.01$。

表 6-8　　是否授予股权激励对风险项目的影响

变量	Leverage	Outcapb	RD
SY	-0.0959***	-0.00364	0.000628*
	(0.0209)	(0.00718)	(0.000368)

续表

变量	Leverage	Outcapb	RD
Mer	-0.0211***	-0.00114	-0.000235*
	(0.00778)	(0.00267)	(0.000136)
Sagrowth	-0.0265**	-0.00429	-8.52e-05
	(0.0127)	(0.00435)	(0.000228)
Assetturn	0.0687***	-0.135***	-0.00116***
	(0.0139)	(0.00476)	(0.000231)
Size	0.248***	0.000337	0.000341
	(0.0138)	(0.00472)	(0.000216)
CF	-0.910***	0.0675**	-0.00444***
	(0.0850)	(0.0291)	(0.00149)
Shrz	0.000760***	-0.000278***	-6.36e-06*
	(0.000196)	(6.72e-05)	(3.53e-06)
TbQ	0.0964***	-0.00118	0.000691***
	(0.00410)	(0.00140)	(7.04e-05)
常数项	-2.325***	0.0835	-0.00129
	(0.509)	(0.175)	(0.00208)
样本数	7521	7521	6986
R^2	0.123	0.152	0.022

注：*** 表示 $p<0.01$，** 表示 $p<0.05$，* 表示 $p<0.1$。

结　论

　　本章的研究发现，首先，授予了股权激励计划公司的风险承担水平低于为实施股权激励计划公司，授予股权激励计划与公司风险承担水平显著负相关，即实施股权激励没有导致公司过度的风险承担。其次，过度风险对创新造成不利影响，在一定的风险范围内，风险与创新正相关；在超过一定的风险范围后，风险与创新负相关。最后，是否授予股权激励计划对风险与创新的关系存在一定的调节效应。本书研究结果表明，股权激励计划是否授予对风险承担与创新绩效的关系存在显著的调节效应。相对于未授予股权激励计划公司,授予了股权激励计划公司将风险控制在一定的范围内,从而授予了股权激励计划公司中风险承担与创新绩效显著正相关,未授予股权激励计划公司中风险承担与创新绩效显著负相关,即授予股权激励计划有助于提升风险承担与创新绩效的关系。

进一步的研究表明,授予了股权激励计划公司和未授予股权激励计划公司风险差异主要体现在财务杠杆和研发投资决策。股权激励计划的作用路径体现在授予了股权激励计划公司,控制了财务杠杆,增加了研发投资,从而在控制风险的同时促进了公司创新。

就现实意义而言,本章的研究为企业风险管理、创新政策制定及合理评价股权激励计划提供了相应的参考。首先,企业需要正确看待和认识风险,既要在一定的风险范围内积极地承担风险,也要合理地控制风险水平,防范过度冒险。其次,企业的创新需要相应制度的支持和配合,特别是配套的激励制度和风险管理制度。最后,本章研究表明,股权激励计划的实施切实起到了一定的激励作用,缓解了代理冲突,促进形成了资本所有者和劳动者的利益共同体,推动了企业创新和核心竞争力的提高。本章的研究也表明,我国的股权激励实施情况在良性运行范围内,并没有造成企业过度的风险承担,导致不利的后果,有助于合理评价该制度的效果。本章的研究显著支持委托—代理理论、激励理论和组织控制理论,即通过股权激励这一长期激励制度的引入,有助于改变经理人的风险水平,促进企业创新绩效的提升。

第七章 研究结论与建议

第一节 本书的主要研究结论

一 我国实施的股权激励计划有助于提升公司的风险承担水平，但没有导致公司过度的风险承担

基于实施股权激励计划公司的样本，研究显示，随着股权激励比例的增加，公司的风险承担水平也相应地增加，即股权激励增加了管理层及核心人员的风险承担水平，而且主要是通过选择非系统性风险的项目来增加公司的风险承担水平。

此外，我国实施的股权激励计划并没有导致过度的风险承担，实施股权激励计划公司与未实施股权激励公司风险承担水平有着显著的差异，实施股权激励计划公司风险承担水平显著低于未实施股权激励计划公司，授予股权激励计划公司与风险承担水平也显著负相关。

可能的解释是，我国公司实施股权激励计划要经过董事会、股东大会的审批和证监会的备案（2015年取消），要符合《上市公司股权激励管理办法（试行）》等各项制度的规定，因此，实施的股权激励计划在一定的控制范围内，并没有造成公司过度的风险承担；而且能够实施股权激励计划公司的风险承担也在一个合理的范围内，风险过高的公司很难被允许实施股权激励计划。

二 适度的风险承担水平有助于创新，过度的风险承担对创新存在不利影响

基于实施股权激励计划公司样本，研究发现，适度的风险承担有助于创新。而且非国有企业和国有企业因其风险态度不同，在创新产出的类型选择上表现出差异，即国有企业更愿意选择实用新型专利的创新，非国有企业更愿意选择风险较大、科技含量最高的发明专利和贴近市场的外观设计进行创新。

通过实施股权激励计划公司与未实施股权激励计划公司的对比分析显示，未实施股权激励计划公司风险承担与创新显著负相关，实施股权激励计划公司风险与创新显著正相关。表明风险在一定范围内，风险承担与创新正相关；风险超过一定程度以后，风险与创新负相关，即适度的风险承担有助于创新。

三 考虑了是否实施股权激励以及股权激励的幅度后，表明股权激励对风险承担与创新的关系有一定的调节效应

基于实施股权激励计划公司样本，本书验证了风险承担与创新绩效显著正相关，但由2008年的国际金融危机现实可知，企业不可能一直承担过度过高的风险，否则不仅无法创新，而且有可能面临灭顶之灾。那么风险承担与创新绩效的正相关关系是否受到股权激励比例的调节呢？答案是肯定的。从实施股权激励计划公司样本看，随着持股比例的增加，风险承担的变动幅度增大反而导致创新的变动减少。即由于管理层和核心技术人员持有了公司股份，对公司风险承担有一定的控制和监督，经理人的风险态度也会随着环境变化而变化，从而不会让公司无限度地增大风险，在风险承担大到一定程度之后，风险承担增加不会引起创新同等程度的增加，反而会导致创新的减少。

结合实施股权激励计划公司样本与未实施股权激励计划公司样本组，可以发现，实施股权激励对风险承担与创新的关系也具有调节效应。回归模型考虑了风险承担与实施股权激励计划的交乘项后，该指标与创新显著正相关，但考虑到实施股权激励计划的影响后，相对于未实施股权激励计划公司，有了管理层的监督和控制，增加相应的风险承担有助于创新的增加。

第二节 政策建议

本书的研究对企业的发展及相关管理制度的制定有以下建议：

一 企业需要正确看待风险，合理地控制风险水平，进行风险管理

本书的研究表明，在一定的风险范围内，风险承担水平的提高有助于企业创新。而我国企业特别是国有企业历来对风险认识不足，风险承担水平较低，反而对企业发展造成不利影响；非国有企业对风险表现出积极的态度，也要防范过度的冒险。因此，本书的研究，有助于国有企业重视风险承担水平，从而促进创新，提升企业绩效；也有助于非国有企业合理地控制风险水平，防范过度风险的不利后果。

二　企业需要制定合理的创新战略

随着经济一体化和企业竞争的加剧，宏观层面和微观层面都日益重视创新。但是，技术创新需要制度创新相配合，这就需要企业制定配套的激励制度和风险管理制度。此外，企业在进行创新时，也面临着不同创新类型的选择。不同的专利类型意味着不同的创新投入、不同的风险水平和不同的研究基础。企业需要从自身的实际出发，选择合适的创新战略，既要考虑企业的创新实际水平，也要考虑市场的需求和创新的效益。就国有企业而言，既不能一味地回避风险，选择见效快的实用新型创新，也不能太脱离企业的实际；对非国有企业而言，在现有追求高技术和市场需求的基础上，也需要注意不同创新类型的适度投入。

三　合理评价实施股权激励的经济后果

2015年12月18日，证监会发布了《上市公司股权激励管理办法（征求意见稿）》。本书的研究有助于正确评价2006年股权激励办法实施后的经济后果。本书研究表明，自2006年实施《上市公司股权激励管理办法（试行）》以来，股权激励切实起到了一定的激励作用，缓解了代理冲突，促进形成了资本所有者和劳动者的共同利益体，调动了公司高层管理者及核心员工的积极性和主动性，推动了企业创新和核心竞争力的提高。此外，股权激励制度的实施并没有导致企业过度的风险承担。

股权激励制度也起到了对投资者合法权益的保护作用，优化了投资者的回报能力。《上市公司股权激励管理办法（试行）》规定了不得实施股权激励公司的情况及不得参与公司股权激励的人员情况，相应地控制了实施股权激励公司的风险承担水平，避免了实施公司存在过度风险承担的情况，有助于保护投资者。从而对修订征求意见稿中的进一步完善不得实施股权激励与不得参与股权激励的负面清单提供了有力支持。

四　进一步完善股权激励制度

虽然现行股权激励制度在良性运行范围内，但也应该看到，股权激励的幅度还比较低，虽然实施股权激励计划公司逐年递增，但占整体上市公司的比重还不大。虽然较高的激励幅度可能产生"壕沟效应"，并且会影响到股东的控制权，但较小的激励幅度的激励作用也有限。张良等（2011）研究认为，激励幅度以及激励分布结构，是企业在市场强制力下，对自身生产经营结构和人际关系结构特征多种因素权衡后的一种制度安排。因此，在激励幅度的控制上，企业要综合考虑自身的企业规模、企业性质、股权结构、行业特征、技术特征等因素，对激励敏感的技术含量高的行业如高新技术行业的激励幅度可适当扩大。

对于整体实施比例还不高的问题，上市公司的监管还需进一步简政放权，放松管制，加强监管，逐步形成公司自主决定的、市场约束有效的上市公司股权激励制度。特别是国有企业，实施股权激励计划的范围还十分有限，实施数量还非常少，如何提高国有企业对有效激励制度的认识，促进现有的混合所有制改革还任重道远。

第三节　本书研究的创新点

本书研究的创新之处主要体现在以下四个方面：

首先，本书的研究视角对既有文献形成了有益补充。现有文献研究主要基于委托—代理理论，对行为代理理论、期望效用理论关注较少，本书从期望效用理论视角考察了股权激励对风险承担的作用机理，从行为代理理论视角解释了股权激励对风险承担与创新绩效的调节效应。

其次，本书的研究拓宽了股权激励与风险承担的研究。在现有文献初步关注管理层持股对公司总风险影响的基础上，本书具体研究了真正实施的股权激励制度对公司风险承担的影响，特别是在对系统风险和非系统风险的影响研究方面进行了尝试。

再次，本书的研究进一步拓展和完善了现有风险承担与创新绩效的研究。目前仅有少量文献从调查问卷的角度进行了研究，本书研究基于上市公司的数据，更具有客观性。现有文献也仅考察了薪酬对个体层面的风险倾向和风险认知与研发投入的调节效应，本书进一步延伸考察长期激励对公司层面风险承担与创新产出的调节效应，将激励、风险承担与创新的研究进一步向前推进。

最后，探讨了我国的股权激励是否造成过度的风险承担，以及过度风险承担对创新绩效的影响。国内还没有文献从此角度进行分析，本书的研究在理论和实证上进行了初步验证。

第四节 本书研究的局限性

受笔者对数学模型的推导、论证所限，本书没有从数学公式、数学模型的角度论证股权激励对风险承担、风险承担对创新绩效的影响，后续计划进一步综合数学、经济学、管理学等领域研究成果，将现有期权定价公式、风险承担公式以及创新函数综合到数学模型中进行分析和论证。

本书的研究结论还需要进一步经过实践的检验。后续需要到企业进行访谈、调查，通过调查问卷的形式，进一步分析和验证本书结论的合理性及适用性。

参考文献

[1] 阿道夫·A. 伯利、加德纳·C. 米恩斯：《现代公司与私有财产》，甘华鸣等译，商务印书馆 2005 年版。

[2] 彼得·德鲁克：《创新与企业家精神》，蔡文燕译，机械工业出版社 2007 年版。

[3] 曹阳：《中国上市公司高管层股权激励实施效果研究》，经济科学出版社 2008 年版。

[4] 富兰克·H. 奈特：《风险、不确定性和利润》，王宇、王文玉译，中国人民大学出版社 2005 年版。

[5] 李维安：《公司治理学》，高等教育出版社 2005 年版。

[6] 美国国家员工所有权中心：《股票期权计划的现实操作》（第三版），张志强译，上海远东出版社 2001 年版。

[7] 熊彼特：《经济发展理论》，孔伟艳等编译，北京出版社 2008 年版。

[8] 朱勇国：《中国上市公司高管股权激励研究》，首都经济贸易大学出版社 2012 年版。

[9] 周婷婷：《董事会治理与上市公司风险行为研究——基于内部控制和风险承担视角》，经济科学出版社 2008 年版。

[10] 曹琪格、任国良、骆雅丽：《区域制度环境对企业技术创新的影响》，《财经科学》2014 年第 1 期。

[11] 陈金勇、汤湘希、孙建波：《管理层持股激励与企业技术创新》，《软科学》2015 年第 9 期。

[12] 陈艳艳：《我国股权激励市场反应的实证检验——降低代理成本抑或管理层寻租》，《投资研究》2013 年第 7 期。

[13] 陈勇、廖冠民、王霆：《我国上市公司股权激励效应的实证分析》，《管理世界》2005 年第 2 期。

[14] 成力为、孙玮：《市场化程度对自主创新配置效率的影响——基于 Cost – Malmquist 指数的高技术产业行业面板数据分析》，《中国软科学》2012 年第 5 期。

[15] 丑建忠、黄志忠、谢军：《股权激励能够抑制大股东掏空吗?》，《经济管理》2008 年第 18 期。

[16] 戴魁早、刘友金：《市场化进程对创新效率的影响及行业差异——基于中国高技术产业的实证检验》，《财经研究》2013 年第 5 期。

[17] 党文娟、康继军、徐磊：《我国市场化发育程度对区域创新能力的影响力研究》，《云南财经大学学报》2013 年第 4 期。

[18] 丁保利、王胜海、刘西友：《股票期权激励机制在我国的发展方向探析》，《会计研究》2012 年第 6 期。

[19] 董保宝：《风险需要平衡吗：新企业风险承担与绩效倒 U 形关系及创业能力的中介作用》，《管理世界》2014 年第 1 期。

[20] 方红星、陈作华：《高质量内部控制能有效应对特质风险和系统风险吗?》，《会计研究》2015 年第 4 期。

[21] 葛文雷、荆虹玮：《我国上市公司股权激励与企业业绩的关系研究》，《华东经济管理》2008 年第 3 期。

[22] 顾斌、周立烨：《我国上市公司股权激励实施效果的研究》，《会计研究》2007 年第 2 期。

[23] 贺俊、王钦：《创新型企业的产权基础和治理机制：理论分野与融合》，《国外社会科学》2013 年第 1 期。

[24] 胡凤玲、张敏：《人力资本异质性与企业创新绩效——调节效应与中介效应分析》，《财贸研究》2014 年第 6 期。

[25] 胡树华、王利军、牟仁艳：《分类专利对 GDP 贡献的回归分析》，《软科学》2011 年第 9 期。

[26] 胡艳、马连福：《创业板高管激励契约组合、融资约束与创新投入》，《山西财经大学学报》2015 年第 8 期。

[27] 黄炳艺、李阳：《公司治理与上市公司系统风险关系实证研究——基于中国上市公司的证据》，《财经理论与实践》2010 年第 164 期。

[28] 黄虹、张鸣、柳琳：《"回购 + 动态考核"限制性股票激励契约模

式研究——基于昆明药股权激励方案的讨论》,《会计研究》2014年第2期。

[29] 黄辉、张博、许宏:《管理层权力、国有控股与高管薪酬激励》,《经济问题》2013年第1期。

[30] 黄洁、蔡根女:《股权激励效果和影响因素经验分析——基于两〈办法〉出台后实施股权激励的上市公司数据》,《华东经济管理》2009年第3期。

[31] 黄群慧、常耀中:《企业技术创新的剩余索取权激励研究:以电子信息产业为例》,《经济与管理》2014年第9期。

[32] 黄再胜:《企业高管薪酬规制理论研究:动因、实践与启示》,《外国经济与管理》2009年第8期。

[33] 黄志忠、郗群:《薪酬制度考虑外部监管了吗——来自中国上市公司的证据》,《南开管理评论》2009年第1期。

[34] 江伟:《负债的代理成本与管理层薪酬——基于中国上市公司的实证分析》,《经济科学》2008年第4期。

[35] 纪晓丽:《市场化进程、法制环境与技术创新》,《科研管理》2011年第5期。

[36] 剧锦文:《公司治理理论的比较分析——兼析三个公司治理理论的异同》,《宏观经济研究》2008年第6期。

[37] 李春涛、宋敏:《中国制造业企业的创新活动:所有制和CEO激励的作用》,《经济研究》2010年第5期。

[38] 李海霞、王振山:《CEO权力与公司风险承担——基于投资者保护的调节效应研究》,《经济管理》2015年第8期。

[39] 李明辉:《股权结构、公司治理与股权代理成本的影响——基于中国上市公司2001—2006年数据的研究》,《金融研究》2009年第2期。

[40] 李维安、王辉:《企业家创新精神培育:一个公司治理视角》,《南开经济研究》2003年第2期。

[41] 李文贵、余明桂:《所有权性质、市场化进程与企业风险承担》,《中国工业经济》2012年第12期。

[42] 李文贵、余明桂:《民营化企业的股权结构与企业创新》,《管理世界》2015年第4期。

[43] 李小荣、张瑞君：《股权激励影响风险承担：代理成本还是风险规避？》，《会计研究》2014 年第 1 期。

[44] 李星北：《考虑风险偏好的供应链中企业创新投资决策研究》，博士学位论文，天津大学，2013 年。

[45] 李增泉：《激励机制与企业绩效——一项基于上市公司的实证研究》，《会计研究》2000 年第 1 期。

[46] 李伟：《公司治理的制约、制衡与平衡——从物质资本、人力资本到利益相关者》，《中南财经政法大学学报》2008 年第 5 期。

[47] 李忆、马莉、苑贤德：《企业专利数量、知识离散度与绩效的关系——基于高科技上市公司的实证研究》，《情报杂志》2014 年第 2 期。

[48] 梁彤缨、雷鹏、陈修德：《管理层激励对企业研发效率的影响研究——来自中国工业上市公司的经验证据》，《管理评论》2015 年第 5 期。

[49] 梁阜、贾瑞乾、李鑫：《薪酬体系设计的新理念——基于综合运用激励理论的视角》，《东岳论丛》2013 年第 4 期。

[50] 廖理、沈红波：《Fama - French 三因子模型与股权分置改革效应研究》，《数量经济技术经济研究》2008 年第 9 期。

[51] 刘金石、王贵：《公司治理理论：异同探源、评介与比较》，《经济学动态》2011 年第 5 期。

[52] 刘鑫、薛有志、严子淳：《公司风险承担决定因素研究——基于两权分离和股权制衡的分析》，《经济与管理研究》2014 年第 2 期。

[53] 刘兵等：《高管团队战略选择的驱动机制研究：基于风险偏好的视角》，《科技管理研究》2014 年第 12 期。

[54] 刘浩、孙铮：《西方股权激励契约结构研究综述——兼论对中国上市公司股权激励制度的启示》，《经济管理》2009 年第 4 期。

[55] 刘华、郑军：《股权激励实施的效果、问题及对策研究——基于东湖高新区企业股权激励试点的分析》，《科技进步与对策》2012 年第 9 期。

[56] 刘蕾、吴宏伟：《论股票期权激励下的风险报酬》，《河北经贸大学学报》2014 年第 2 期。

[57] 刘万利、胡培：《创业风险对创业决策行为影响的研究——风险感知与风险倾向的媒介效应》，《科学学与科学技术管理》2010年第9期。

[58] 刘中文等：《上市公司股权激励与公司绩效关系研究》，《山东科技大学学报》（社会科学版）2009年第2期。

[59] 鲁桐、党印：《公司治理与技术创新：分行业比较》，《经济研究》2014年第6期。

[60] 吕长江、郑慧莲、严明珠等：《上市公司股权激励制度设计：是激励还是福利？》，《管理世界》2009年第9期。

[61] 吕长江等：《为什么上市公司选择股权激励计划？》，《会计研究》2011年第1期。

[62] 马昆姝、覃蓉芳、胡培：《个人风险倾向与创业决策关系研究：风险感知的中介作用》，《预测》2010年第1期。

[63] 马文聪、侯羽、朱桂龙：《研发投入和人员激励对创新绩效的影响机制——基于新兴产业和传统产业的比较研究》，《科学学与科学技术管理》2013年第3期。

[64] 潘颖：《股权激励、股权结构与公司业绩关系的实证研究——基于公司治理视角》，《经济问题》2009年第8期。

[65] 尚航标、黄培伦：《绩效负向反馈对风险战略行为的影响——股权激励的调节作用》，《软科学》2014年第4期。

[66] 宋力、韩亮亮：《大股东持股比例对代理成本影响的实证研究》，《南开管理评论》2005年第1期。

[67] 孙桂琴、马超群、王宇嘉：《股票期权计划类型对管理者风险承担行为的影响——基于2006—2012年中国上市公司面板数据》，《经济与管理研究》2013年第11期。

[68] 孙自愿、黄元元、董晶晶：《基于"不公厌恶"与"风险厌恶"的经理人持股激励契约》，《中国管理科学》2011年第6期。

[69] 苏坤：《管理层股权激励、风险承担与资本配置效率》，《管理科学》2015年第3期。

[70] 唐清泉、甄丽明：《管理层风险偏爱、薪酬激励与企业R&D投入——基于我国上市公司的经验研究》，《经济管理》2009年第5期。

[71] 汤业国、徐向艺:《中小上市公司股权激励与技术创新投入的关联性——基于不同终极产权性质的实证研究》,《财贸研究》2012年第2期。

[72] 屠立鹤等:《股权期权激励与高管风险承担的关系——考虑媒体关注的调节作用》,《技术经济》2016年第7期。

[73] 王保林、张铭慎:《地区市场化、产学研合作与企业创新绩效》,《科学学研究》2015年第5期。

[74] 王栋、吴德胜:《股权激励与风险承担——来自中国上市公司的证据》,《南开管理评论》2016年第3期。

[75] 王建华等:《"创新型企业"高管薪酬对创新绩效存在过度激励吗》,《华东经济管理》2015年第1期。

[76] 王雷、党兴华:《剩余控制权、剩余索取权与公司成长绩效——基于不完全契约理论的国有上市公司治理结构实证研究》,《中国软科学》2008年第8期。

[77] 王烨、叶玲、盛明泉:《管理层权力、机会主义动机与股权激励计划设计》,《会计研究》2012年第10期。

[78] 吴良海、谢志华、王峰娟:《会计信息与系统风险的相关性研究——来自中国A股上市公司的经验证据》,《证券市场导报》2012年第7期。

[79] 魏刚:《高级管理层激励与上市公司经营绩效》,《经济研究》2000年第3期。

[80] 夏向阳、李伟、张红辉:《不同类型专利对我国技术进步影响的实证研究》,《科技管理研究》2012年第15期。

[81] 肖星、陈婵:《激励水平、约束机制与上市公司股权激励计划》,《南开管理评论》2013年第1期。

[82] 肖淑芳、喻梦颖:《股权激励与股利分配——来自中国上市公司的经验证据》,《会计研究》2012年第8期。

[83] 解维敏、唐清泉:《公司治理与风险承担——来自中国上市公司的经验证据》,《财经问题研究》2013年第1期。

[84] 谢德仁:《经理人激励的细分:隐藏行动、努力成本和风险厌恶》,《南开管理评论》2007年第4期。

[85] 熊艳、李常青:《"拜托债权人"还是"拜托机构投资者"——

论两者在代理冲突中的角色扮演》,《山西财经大学学报》2011年第 7 期。

[86] 薛有志、刘鑫:《所有权性质、现金流权与控制权分离和公司风险承担——基于第二层代理问题的视角》,《山西财经大学学报》2014 年第 2 期。

[87] 徐淋、刘春林、杨昕悦:《高层管理团队薪酬差异对公司绩效的影响——基于环境不确定性的调节作用》,《经济管理》2015 年第 4 期。

[88] 徐宁、任天龙:《高管股权激励对民营中小企业成长的影响机理——基于双重代理成本中介效应的实证研究》,《财经论丛》2014 年第 4 期。

[89] 徐宁、王帅:《高管激励契约配置方式比较与协同效应检验——基于我国高科技上市公司动态创新能力构建视角》,《现代财经》2013 年第 8 期。

[90] 徐宁、徐向艺:《股票期权激励契约合理性及其约束性因素——基于中国上市公司的实证研究》,《中国工业经济》2010 年第 2 期。

[91] 徐宁、徐向艺:《技术创新导向的高管激励整合效应——基于高科技上市公司的实证研究》,《科研管理》2013 年第 9 期。

[92] 徐向艺、徐宁:《金字塔结构下股权激励的双重效应研究——来自我国上市公司的经验证据》,《经济管理》2010 年第 9 期。

[93] 徐欣、唐清泉:《R&D 投资、知识存量与专利产出——基于专利产出类型和企业最终控制人视角的分析》,《经济管理》2012 年第 7 期。

[94] 杨国忠、杨明珠:《基于 CEO 变动调节效应的高管团队特征对企业研发投资及技术创新绩效的影响研究》,《工业技术经济》2016 年第 2 期。

[95] 杨慧军、杨建君:《股权集中度、经理人激励与技术创新选择》,《科研管理》2015 年第 4 期。

[96] 杨建军、张钊、梅晓芳:《股东与经理人信任对企业创新的影响研究》,《科研管理》2012 年第 3 期。

[97] 叶陈刚、刘桂春、洪峰:《股权激励如何驱动企业研发支

出？——基于股权激励异质性的视角》,《审计与经济研究》2015年第3期。

[98] 易建平、王春峰:《股票波动性风险与企业资本结构——基于特质风险与系统风险视角的研究》,《经济与管理研究》2013年第11期。

[99] 易靖韬、张修平、王化成:《企业异质性、高管过度自信与企业创新绩效》,《南开管理评论》2015年第6期。

[100] 余志良、谢洪明:《技术创新政策理论的研究评述》,《科学管理研究》2003年第12期。

[101] 张敦力、阮爱萍:《股权激励、约束机制与业绩相关性——来自中国上市公司的经验证据》,《会计与经济研究》2013年第1期。

[102] 张凤海、侯铁珊:《技术创新理论述评》,《东北大学学报》(社会科学版)2008年第3期。

[103] 张敏、童丽静、许浩然:《社会网络与企业风险承担——基于我国上市公司的经验证据》,《管理世界》2015年第11期。

[104] 张三保、张志学:《区域制度差异,CEO管理自主权与企业风险承担——中国30省高技术产业的证据》,《管理世界》2012年第4期。

[105] 张雅慧等:《不同薪酬契约对创新行为的影响分析:实验的证据》,《管理工程学报》2015年第2期。

[106] 张兆国、宋丽梦、张庆:《我国上市公司资本结构影响股权代理成本的实证分析》,《会计研究》2005年第8期。

[107] 赵国宇:《股权激励提升企业技术创新的路径与效果研究》,《广东财经大学学报》2015年第2期。

[108] 周建波、孙菊生:《经营者股权激励的治理效应研究——来自中国上市公司的经验证据》,《经济研究》2003年第5期。

[109] 周军、翟燕:《会计稳健性或高管股权激励》,《证券市场导报》2013年第2期。

[110] 周兴、张鹏:《市场化进程对技术进步与创新的影响——基于中国省级面板数据的实证研究》,《上海经济研究》2014年第2期。

[111] 朱晋伟、梅静娴:《不同规模企业间创新绩效影响因素比较研究——基于面板数据半参数模型》,《科学学与科学技术管理》2015年第2期。

[112] Aboody, D., Kasznik, R., "CEO Stock Option Awards and the Timing of Corporate Voluntary Disclosures", *Journal of Accounting and Economics*, Vol. 29, 2000, pp. 73 – 100.

[113] Armstrong, C. S., Vashishtha, R., "Executive Stock Options, Differential Risk – Taking Incentives, and Firm Value", *Journal of Financial Economics*, Vol. 104, 2012, pp. 70 – 88.

[114] Baixauli – Soler, J. S., Belda – Ruiz, M., Sanchez – Marin, G., "Executive Stock Options, Gender Diversity in the Top Management Team and Firm Risk Taking", *Journal of Business Research*, Vol. 68, 2015, pp. 451 – 463.

[115] Begley, J., Feltham, G. A., "An Empirical Examination of the Relation between Debt Contracts and Management Incentives", *Journal of Accounting and Economics*, Vol. 27, 1999, pp. 229 – 259.

[116] Bergstresser, D. and T. Philippon, "CEO Incentives and Earnings Management", *Journal of Financial Economics*, Vol. 80, 2006, pp. 511 – 529.

[117] Biais, B., Rochet, J., Woolley, P., "Dynamics of Innovation and Risk", *The Review of Financial Studies*, Vol. 28, No. 5, 2015, pp. 1353 – 1380.

[118] Bova, F., Kolev, K., Zhang, X. F., "Non – Executive Employee Ownership and Corporate Risk", *The Accounting Review*, Vol. 90, No. 1, 2015, pp. 115 – 145.

[119] Brander, J. A., Poitevin, M., "Managerial Compensation and the Agency Cost of Debt Finance", *Managerial and Decision Economics*, Vol. 13, 1992, pp. 55 – 64.

[120] Brenner, M., Sundaram, R. K., Yermack, D., "Altering the Terms of Executive Stock Options", *Journal of Financial Economics*, Vol. 57, 2000, pp. 103 – 128.

[121] Brisley, N., "Executive Stock Options: Early Exercise Provisions

and Risk – taking Incentives", *The Journal of Finance*, Vol. 61, No. 5, *2006*, *pp. 2487 – 2509*.

[122] Brockman, P., Martin, X. M., Puckett, A., "Voluntary Disclosures and the Exercise of CEO Stock Options", *Journal of Corporate Finance*, Vol. 16, 2010, pp. 120 – 136.

[123] Brown, L., Osborne, S. P., "Risk and Innovation", *Public Management Reviews*, Vol. 15, No. 22, 2013, pp. 186 – 208.

[124] Bryan, S., Hwang, L., Lilien, S., "CEO Stock – Based Compensation: An Empirical Analysis of Incentive – Intensity, Relative Mix, and Economic Determinants", *Journal of Business*, Vol. 73, 2000, pp. 661 – 693.

[125] Bryan, S., Nash, R., Patel, A., "Can the Agency Costs of Debt and Equity Explain the Changes in Executive Compensation during the 1990s?", Vol. 12, No. 3, 2006, pp. 516 – 535.

[126] Chang, X., Fu, K. K., Low, A., Zhang, W., "Non – Executive Employee Stock Options and Corporate Innovation", *Journal of Financial Economics*, Vol. 115, 2015, pp. 168 – 188.

[127] Chen, C., Steiner, T. L., Whyte, A. M., "Does Stock Option – Based Executive Compensation Induce Risk – Taking? An Analysis of the Banking Industry", *Journal of Banking & Finance*, Vol. 30, 2006, pp. 915 – 945.

[128] Chen, Y. – R., Ma, Y., "Revisiting the Risk – Taking Effect of Executive Stock Options on Firm Performance", *Journal of Business Research*, Vol. 64, 2011, pp. 640 – 648.

[129] Chen, Y. – R., Chen, C. R., Chu, C. – K., "The Effect of Executive Stock Options on Corporate Innovative Activities", *Financial Management*, Vol. 43, No. 2, Summer 2014, pp. 271 – 290.

[130] Chen, Z., Guan, Y., Ke, B., "Are Stock Option Grants to Directors of State – Controlled Chinese Firms Listed in Hong Kong Genuine Compensation?", *The Accounting Review*, Vol. 88, No. 5, 2013, pp. 1547 – 1574.

[131] Chourou, L., Abaoubb, E., Saadi, S., "The Economic Deter-

minants of CEO Stock Option Compensation", *Journal of Multinational Financial Management*, Vol. 18, 2008, pp. 61 – 77.

[132] Coles et al., "Managerial Incentives and Risk – Taking", *Journal of Financial Economics*, Vol. 79, 2006, pp. 431 – 468.

[133] Comment, R., Jarrell, G. A., "Corporate Focus and Stock Returns", *Journal of Financial Economics*, Vol. 37, 1995, pp. 67 – 87.

[134] Covin, J. G., Slevin, D. P., "A Conceptual Model of Entrepreneurship as Firm Behavior", *Entrepredneuship Theory & Practice*, Vol. 16, 1991, pp. 7 – 25.

[135] Craig et al., "Exploring Relationships among Proactiveness, Risk – Taking and Innovation Output in Family and Non – Family Firms", *Creativity and Innovation Management*, Vol. 23, No. 2, 2014, pp. 199 – 210.

[136] Dee, C. C., Lulseged, A., Nowlin, T. S., "Executive Compensation and Risk: The Case of Internet Firms", *Journal of Corporate Finance*, Vol. 12, No. 1, 2005, pp. 80 – 96.

[137] Diamond, D. W., "Monitoring and Reputation: The Choice between Bank Loans and Directly Placed Debt", *Journal of Political Economy*, Vol. 99, 1991, pp. 689 – 721.

[138] Ding et al., "Corporate Risk – Taking: Exploring the Effects of Government Affiliation and Executives' Incentive", *Journal of Business Research*, Vol. 68, 2015, pp. 1196 – 1204.

[139] Dong, Z., Wang, C., Xie, F., "Do Executive Stock Options Induce Excessive Risk Taking?", *Journal of Banking & Finance*, Vol. 34, 2010, pp. 2518 – 2529.

[140] Gibb, J., "Risk Taking, Innovativeness and Competitive Rivalry: A Three – Way Interaction towards Firm Performance", *International Journal of Innovation Management*, Vol. 14, No. 5, 2010, pp. 871 – 891.

[141] Gilson, S. C., Vetsuypens, M. R., "CEO Compensation in Financially Distressed Firms: An Empirical Analysis", *The Journal of Finance*, Vol. 48, 1993, pp. 425 – 458.

[142] Hayes, R. M., Lemmon, M., Qiu, M., "Stock Options and Managerial Incentives for Risk Taking: Evidence From Fas 123R", *Journal of Financial Economics*, Vol. 105, 2012, pp. 174 – 190.

[143] Huang, Y. - T., Wu, M. - C., Liao, S. - L., "The Relationship between Equity - Based Compensation and Managerial Risk Taking: Evidence from China", *Emerging Markets Finance & Trade*, Vol. 49, 2013, pp. 107 – 125.

[144] Jeffrey, Naveen and Lalitha, "Managerial Incentives and Risk - Taking", *Journal of Financial Economics*, Vol. 79, 2006, pp. 431 – 468.

[145] Jensen, M. C., Meckling, W. H., "Theory of the Firm: Managerial Behavior, Agency Costs and Ownership Structure", *Journal of Financial Economics*, Vol. 3, No. 4, 1976, pp. 305 – 360.

[146] John, T. A., John, K., "Top - Management Compensation and Capital Structure", *The Journal of Finance*, Vol. 48, No. 3, 1993, pp. 949 – 947.

[147] Kato, H. K., Lemmon, M., Luo, M., Schallheim, J., "An Empirical Examination of the Costs and Benefits of Executive Stock Options: Evidence from Japan", *Journal of Financial Economics*, Vol. 78, 2005, pp. 435 – 461.

[148] Kempf, A., Ruenzi, S., Thiele, T., "Employment Risk, Compensation Incentives, and Managerial Risk Taking: Evidence from the Mutual Fund Industry", *Journal of Financial Economics*, Vol. 92, 2009, pp. 92 – 108.

[149] Khandwalla, P. N., *The Design of Organizations*, New York: Harcount Brace Jovanoich, 1977, p. 426.

[150] Kim and Lu, "CEO Ownership, External Governance, and Risk - Taking", *Journal of Financial Economics*, Vol. 102, 2011, pp. 272 – 292.

[151] Kraiczy, N. D., Hack, A., Kellermanns, F. W., "What Makes a Family Firm Innovative? CEO Risk - Taking Propensity and the Organizational Context of Family Firms", *Journal of Product Innovation*

Management, Vol. 32, No. 3, 2015, pp. 334 – 348.

[152] Lefebvre, M., Vieider, F. M., "Risk Taking of Executives under Different Incentive Contracts: Experimental Evidence", *Journal of Economic Behavior & Organization*, Vol. 97, 2014, pp. 27 – 36.

[153] Liljeblom, E., Pasternack, D., Rosenberg, M., "What Determines Stock Option Contract Design?", *Journal of Financial Economics*, Vol. 102, 2011, pp. 239 – 316.

[154] Low, A., "Managerial Risk – Taking Behavior and Equity – Based Compensation", *Journal of Financial Economics*, Vol. 92, 2009, pp. 470 – 490.

[155] Ming – Cheng Wu, Yi – Ting Huang, Yi – Jing Chen, "Earnings Manipulation, Corporate Governance and Executive Stock Option Grants: Evidence from Taiwan", *Asia – Pacific Journal of Financial Studies*, Vol. 41, 2012, pp. 241 – 257.

[156] Ortiz – Molina, H., "Executive Compensation and Capital Structure: The Effects of Convertible Debt and Straight Debt on CEO Pay", *Journal of Accounting and Economics*, Vol. 43, 2007, pp. 69 – 93.

[157] O'Sullivan, M., "The Innovative Enterprise and Corporate Governance", *Cambridge Journal of Economics*, Vol. 24, No. 2, 2000, pp. 393 – 416.

[158] Rajgopal, S., Shevlin, T., "Empirical Evidence on the Relation between Stock Option Compensation and Risk Taking", *Journal of Accounting and Economics*, Vol. 33, 2002, pp. 145 – 171.

[159] Ross, S. A., "Compensation, Incentives, and the Duality of Risk Aversion and Riskiness", *The Journal of Finance*, Vol. 59, No. 1, 2004, pp. 207 – 225.

[160] Shen, C. H. – H., Zhang, H., "CEO Risk Incentives and Firm Performance following R&D Increases", *Journal of Banking & Finance*, Vol. 37, 2013, pp. 1176 – 1194.

[161] Sautner, Z., Weber, M., "Corporate Governance and the Design of Stock Option Programs", 成都, 2007年中国国际金融年会, 2007年7月。

[162] Volker Laux, "Stock Option Vesting Conditions, CEO Rurnover, and Myopic Investment", *Journal of Financial Economics*, Vol. 106, No. 3, 2012, pp. 513 – 526.

[163] Wiseman, R. M., Gomez – Mejia, "A Behavioral Agency Model of Managerial Risk Taking", *Academy of Management Review*, Vol. 23, No. 1, 1998, pp. 133 – 153.

[164] Wright, P., Kroll, M., Krug, J. A., Perrus, M., "Influences of Top Management Team Incentives on Firm Risk Taking", *Strategic Management Journal*, Vol. 28, 2007, pp. 81 – 89.

[165] Yermack, D., "Do Corporations Award CEO Stock Options Effectively?", *Journal of Financial Economics*, Vol. 39, 1995, pp. 237 – 269.